Boy Lornsen

Jakobus Nimmersatt

Boy Lornsen

Jakobus Nimmersatt

Mit Illustrationen von Manfred Schlüter

Hase und Igel®

7
Jakobus Nimmersatt

Für Lehrkräfte gibt es zu diesem Buch ausführliches Begleitmaterial:
Marie-Theres Seiler, Materialien und Kopiervorlagen zu
Boy Lornsen, Jakobus Nimmersatt
64 Seiten / Kopiervorlagen A4
ISBN 978-3-86760-343-0

Ungekürzte und einmalige Sonderausgabe des gleichnamigen Titels,
der erstmals 1987 im Thienemann Verlag und
2005 im Hase und Igel Verlag erschienen ist.

www.hase-und-igel.de
Druck: CPI – Ebner & Spiegel, Ulm

Best.-Nr. 5296-5

Inhalt

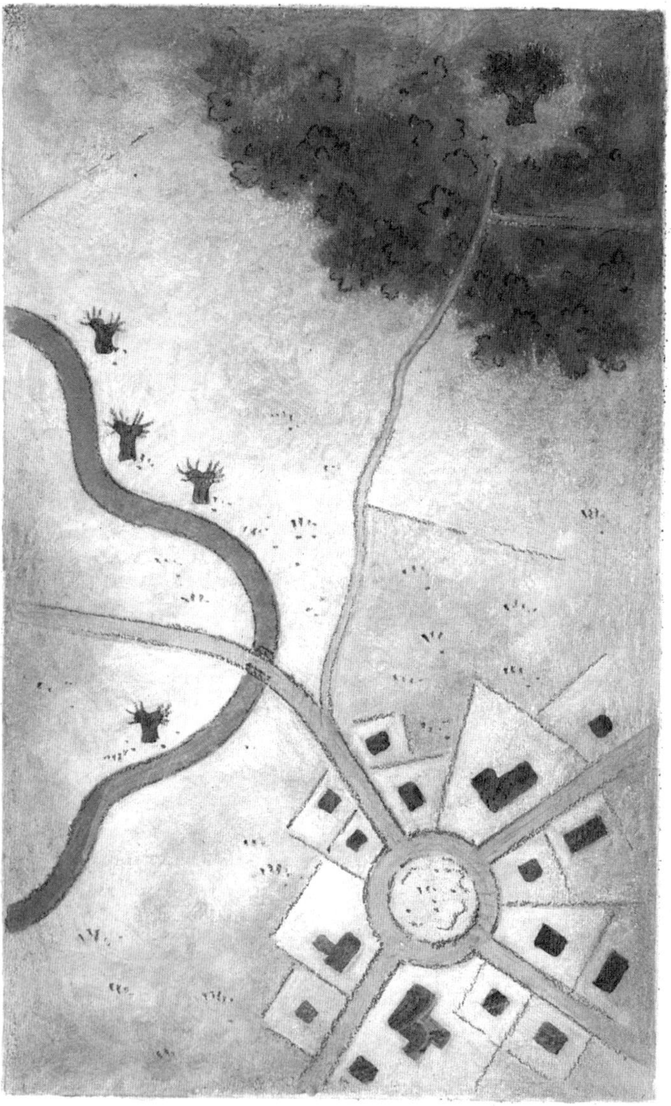

Jakobus Nimmersatt

„Kräh! Karräh!", schimpfte Jakobus Nimmersatt. Er kreiste einen Steinwurf hoch über Poggenbüttel. Sein Magen knurrte. Und nichts hasste Jakobus Nimmersatt mehr als einen knurrenden Rabenmagen. Kein Wurstzipfel weit und breit!, dachte er unzufrieden. Und da soll unsereiner noch bei Kräften bleiben!

Dann kurvte Jakobus haarscharf um den linken Schulschornstein herum, um einen Blick auf den verlassenen Schulhof zu werfen. Dort hatte er schon manchen guten Happen gefunden.

Aber heute war ein Pechtag. Nur eine leere Bananenschale lag unter der Turnstange. Und von leeren Bananenschalen hielt Jakobus Nimmersatt nichts. Der abgelutschte Kaugummi, den der kleine Willi an die Schaufensterscheibe von Anton Zimtzickels Laden geklebt hatte, war auch nicht nach seinem Geschmack.

„Kaugummi – pfui Spinne! Dieses labberige Zeug klebt einem ja auf der Zunge fest“, quarrte er ärgerlich und sauste über die Dorflinde hinweg auf Magnus Lobesams Komposthaufen zu.

Jakobus Nimmersatt war der größte, der stärkste, der schlaueste, der schwärzeste und der hungrigste Rabe von Poggenbüttel und Umgebung. Jakobus hatte immer Appetit. Morgens, wenn er aufwachte, mittags, abends und auch noch zwischendurch.

Am liebsten verspeiste er Mettwurstzipfel, weil sie so lecker nach Rauch schmeckten. Aber er aß auch andere nahrhafte Sachen: Käserinden, Butterbrote, Sonnenblumenkerne, Sandtorte, rote Grütze und Rollmöpse. Aber Rollmöpse aß er nur, wenn sie nicht zu sauer waren.

Jakobus Nimmersatt wohnte im Donnerwald. Der lag gut tausend Schritte von Poggenbüttel entfernt, dort, wo morgens die Sonne aufging. Die Poggenbüttler kümmerten sich nicht um den Wald, sie ließen ihn einfach wild wachsen. Und das war den Tieren, die dort lebten, gerade recht. Die Bäume ragten fast turmhoch auf und trugen mächtige Kronen. An vielen Stellen wucherten die Brombeerranken so dicht, dass sie eine undurchdringliche Mauer bildeten. Auf den Waldlichtungen gediehen Blaubeeren, Walderdbeeren, saftige Kräuter und Gräser. Eicheln, Bucheckern, Tannenzapfen, Haselnüsse und Pilze gab es im Überfluss. Die Tiere wollten mit keinem anderen Wald der Welt tauschen.

Auch die Menschen in Poggenbüttel lebten nicht schlecht. Im Mühlbach floss zwar weder Milch noch Honig, dafür wurden die Poggenbüttler Kirschen fast so groß wie die Erdbeeren, die Erdbeeren fast so groß wie die Kartoffeln und Kartoffeln gingen anderthalb auf ein Pfund. Die Poggenbüttler Hühner fühlten sich so wohl, dass sie zwei Eier am Tag legten. Und die Hähne krähten sogar auf Bestellung: Wenn die Poggenbüttler ihnen am Abend eine Uhrzeit ins Ohr flüsterten, krähten sie morgens ihren Weckruf auf die Minute genau. Die Menschen im Dorf und die Tiere im Wald vertrugen sich gut miteinander. Der letzte Streit war schon so lange her, dass sich niemand mehr daran erinnern konnte.

So gut stand es in Poggenbüttel und um Poggenbüttel herum.

Es wurde dunkel. Immer mehr Sterne begannen zu blinken. Der Mond kletterte behäbig über das Schuldach und die ersten Fenster wurden hell.

Jakobus Nimmersatt hatte außer einem weichen Zwieback und einer gekochten Speckschwarte nichts Essbares gefunden. Und beides war keine Mahlzeit für einen Feinschmecker.

„Heute muss ich hungrig nach Hause fliegen“, krächzte er missmutig und flog noch einen letzten, großen Kreis über Poggenbüttel.

Als er gerade auf den Donnerwald zusteuern wollte, entdeckte er, dass aus einem Fenster des Gasthofs „Zur schiefen Ecke“ weiß-grauer Pfeifenrauch herauszog. Wenn Pfeifenrauch aus der Gaststube quoll, musste ein Fenster offen sein. Und offene Fenster zogen Jakobus Nimmersatt an wie ein Magnet die Eisennägel.

„Karräh, karräh“, krächzte er interessiert. „Das muss ich mir genauer ansehen. Ob die Poggenbüttler wohl eine Versammlung abhalten? Oder gar eine Feier? Mit Sandtorte ...?“

Und weil Jakobus Nimmersatt Sandtorte fast so gern aß wie würzige Mettwurstzipfel, winkelte er die lackschwarzen Schwingen an und sauste im Sturzflug auf den weiß-grauen Pfeifenrauch zu.

Bürgermeister Lobesam hat eine Idee

Jakobus Nimmersatt zwängte sich durch den Fensterspalt und schielte durch die Gardine. Er hatte sich nicht geirrt: Die Poggenbüttler hielten wirklich eine Versammlung ab. Ohne Sandtorte, aber mit viel Bier. Die Gaststube war von Zigarrenrauch und Pfeifenqualm vernebelt. Nickel Brotesser, der Wirt, musste sich beeilen, um die leeren Biergläser gegen volle auszutauschen. Plötzlich klopfte Bürgermeister Lobesam an sein Glas, stand auf und sagte feierlich: „Bürger von Poggenbüttel! Ich hab ’ne Idee!“

„Heraus damit!“, riefen die Poggenbüttler.

Nur der Schäfer Stoffel Plietsch murmelte misstrauisch: „Sollte mich gar nicht wundern, wenn das eine dumme Idee ist …“

Hoffentlich ist die Idee essbar, dachte Jakobus Nimmersatt hinter der Gardine. Er konnte jedes Wort verstehen, denn er war nicht nur der größte, stärkste, schlaueste, schwärzeste und hungrigste Rabe – er war auch der einzige Rabe, der die Menschensprache genauso gut krächzte wie die Tiersprache.

„Ob ihr's glaubt oder nicht: Geld regiert die Welt", sagte Bürgermeister Lobesam. „Und ich weiß, wie wir schnell reich werden können."

Es wurde so still, dass man einen Federflaum fallen hören konnte. Dann schrien alle Poggenbüttler durcheinander: „Wie können wir schnell reich werden? Heraus damit, Magnus Lobesam!"

Nur der Schäfer Stoffel Plietsch sagte kein Wort, er schüttelte den Kopf. Und als sich der Lärm gelegt hatte, fragte er: „Soll etwa das ganze Dorf Lotto spielen?"

Und Jakobus Nimmersatt, hinter der Gardine, dachte: Reich wollen sie werden? Mir soll's egal sein. Vielleicht werden dann die Wurstzipfel reichlicher.

Bürgermeister Lobesam überhörte, was Stoffel Plietsch gefragt hatte. Er nahm einen tüchtigen Schluck aus seinem Bierglas und sagte: „Die Sache ist ganz einfach. Ich hätte schon früher darauf kommen müssen. Ihr wisst doch, dass die Holzpreise in diesem Jahr besonders hoch sind."

„Stimmt", bestätigte Anton Zimtzickel. „Für einen Festmeter Möbelholz bekommt man jetzt fünfhundert

Euro bar auf die Hand gezahlt." Als Kaufmann wusste er gut mit Preisen Bescheid.

Was reden sie da von Holzpreisen?, dachte Jakobus Nimmersatt unbehaglich. Ich hab ein dummes Gefühl in den Schwanzfedern ...

„Fünfhundert Euro! Ein Spitzenpreis!", erklärte Bürgermeister Lobesam und streckte bedeutsam fünf Finger in die Luft. „Und in einem großen Baum stecken mindestens fünf Festmeter Holz. Das macht zweitausendfünfhundert Euro. Bei fünftausend Bäumen sind das ... sind das ..."

„Zwölfeinhalb Millionen Euro!", rief Anton Zimtzickel. „Aber wir sind dreißig Familien in Poggenbüttel. Dann fehlen uns noch genau siebzehneinhalb Millionen."

Anton Zimtzickel konnte von allen Poggenbüttlern am schnellsten rechnen.

„Habe ich alles schon bedacht", sagte Bürgermeister Lobesam begeistert. „Wenn die Bäume weg sind, teilen wir das Land in Bauplätze auf und verkaufen sie."

Jetzt wurde Stoffel Plietsch ärgerlich. „Ihr seid wie die Schildbürger", rief er. „Wo wollt ihr die fünftausend Bäume und die Bauplätze hernehmen?"

„Aus dem Donnerwald natürlich!", rief Bürgermeister Lobesam. „Das ist unser Wald und wir können damit machen, was wir wollen. Wir fällen fünftausend Bäume, verkaufen die Grundstücke, teilen das Geld und sind Millionäre."

Die Poggenbüttler jubelten. Die Millionärsidee gefiel ihnen immer besser.

Stoffel Plietsch, der Schäfer, sprang vom Stuhl auf und rief: „Habt ihr alle den Verstand verloren! Fünftausend ausgewachsene, alte Bäume wollt ihr fällen! Und alle sind viel älter als ihr. Wie viele Bäume habt ihr denn gepflanzt? Nicht einen einzigen. Einen Wald darf man nicht zerstören. Er gehört euch nicht allein! Er gehört auch den Tieren! Und wie lange dauert es, bis ein Baum groß wird!"

„Was verstehst du schon von grünen Bäumen, Stoffel Plietsch?", sagte Bürgermeister Lobesam geringschätzig. „Hört nicht auf ihn!", rief er den anderen zu. „Wir müssen an uns denken. Alles andere geht uns nichts an! Gehört der Wald uns oder nicht?"

„Er gehört uns!", schrien die Poggenbüttler.

„Und können wir mit unseren Bäumen machen, was wir wollen?"

„Ja! Ja! Ja!", schrien die Poggenbüttler.

„Da hörst du's", sagte Bürgermeister Lobesam zu Stoffel Plietsch.

Der Schäfer stand auf und ging zur Tür. Dort drehte er sich noch einmal um und warnte: „Ihr werdet ja sehen, was euch diese unrechte Idee einbringt. Ich mache dabei nicht mit. Und von dem Geld will ich keinen einzigen Cent."

Jakobus Nimmersatt war nicht leicht zu erschrecken. Aber jetzt war ihm der Schreck so in die Beine gefahren, dass ihm die Krallen zitterten. Im ersten Augenblick wollte er mitten auf den Tisch flattern, um den Poggenbüttlern seine Empörung ins Gesicht zu krächzen. Aber dann überlegte er es sich anders.

Das müssen alle Tiere wissen. Sofort!, dachte er, zwängte sich durch den Fensterspalt, stieß sich vom Sims ab und ruderte mit schnellen Flügelschlägen auf den Donnerwald zu. Er flog so schnell, wie er in seinem ganzen Rabenleben noch nicht geflogen war.

„Das gibt ein Unglück …", quarrte er aufgeregt vor sich hin.

Hast du dich auch nicht verhört, Jakobus?

Die Waldmaus Pia Plüsch saß vor ihrem Mauseloch und bewunderte den Mond. Pia war nicht mondsüchtig, aber sie sah es gern, wenn der Mond wie ein leuchtender, gelber Riesenkürbis über den Wipfeln des Donnerwaldes schwebte.

Dabei naschte sie die süßen Walderdbeeren, die vor ihrem Mauseloch wuchsen. Pia brauchte nie weit zu trippeln, wenn sie mitten in der Nacht Hunger verspürte. Und das kam mindestens dreimal in der Woche vor.

Sonst regte sich nichts auf der Waldlichtung. Der Nebeltau funkelte im Mondlicht und der Nachtwind streichelte Blätter und Gräser. Und mitten auf der Lichtung reckte die Donnereiche ihre knorrigen Arme in den Himmel. Sechs Männer mussten sich an den Händen halten, wollten sie ihren dicken Stamm umspannen. Es sah aus, als wollte sie den

Mond mit ihren Ästen greifen. Dann rauschte es in der Luft.

Ein dunkler Schatten sauste in einem halsbrecherischen Tempo quer über die Waldwiese. Das war der Rabe Jakobus Nimmersatt! Er war außer Atem und ohne eine Sekunde zu verlieren, begann er, mit seinem klobigen Schnabel einen Trommelwirbel gegen den Stamm der Donnereiche zu klopfen.

Die Waldmaus Pia Plüsch ließ vor Schreck die Erdbeere fallen, an der sie gerade knabberte. Sie war ein bisschen schreckhaft.

„Was soll dieser Lärm!“, zeterte sie. „Nicht mal den Mond kann man in Ruhe betrachten.“ Und Pia schlüpfte verärgert in ihr Mauseloch hinein.

Auch die Eule Melitta von Eichenkron war erbost über die nächtliche Ruhestörung. Sie wohnte auf halber Höhe der Donnereiche in einem geräumigen Loch, das ihr vor Jahresfrist der Buntspecht Thaddäus Klopf ausgemeißelt hatte.

Als Jakobus Nimmersatt eine Verschnaufpause einlegte, streckte Melitta ihren Kopf aus dem Loch heraus und lispelte: „Jakobus! Jakobus Nimmersatt! Ich muss um Ruhe bitten. Ich vertrage keinen Lärm. Davon bekomme ich Kopfschmerzen.“ Melitta, die einer adligen Eulenfamilie entstammte, hielt viel von gutem Benehmen.

„Lärm? Kopfschmerzen?", krächzte Jakobus Nimmersatt. „Ich habe andere Sorgen, Melitta. Es sieht so aus, als müssten wir bald schlimmeren Lärm ertragen. – Und jetzt stör mich nicht, ich muss Wurzelpeter wecken."

„Flegel!", zischte die Eule, die gar nicht richtig zugehört hatte. Der Rabe trommelte unbeirrt weiter und rief zwischendurch: „Wurzelpeter! Wurzelpeter!"

Wurzelpeter war der Bürgermeister der Tiere im Donnerwald, so wie Magnus Lobesam der Bürgermeister von Poggenbüttel war. Die Tiere hätten keinen besseren Bürgermeister finden können. Vor wichtigen Entscheidungen dachte Wurzelpeter gründlich nach. Und was er dann sagte, war meistens richtig. Er war ein Wurzelmännchen und entstammte der Familie der Waldschrate, die heute fast ausgestorben sind. Mit den Elfen war er entfernt verwandt. Wenn Wurzelpeter seinen Kopf etwas einzog, passte er in einen Kinderschuhkarton, so klein war er. Sein Gesicht war faltig wie alte Baumrinde. Seine knubbelige Nase schillerte mal grün, mal lila und seine feuerroten Haare standen strubbelig wie ein Reisigbesen von seinem Kopf ab. Aber bei Wurzelpeter kam es nicht auf die Schönheit, sondern auf die Klugheit an. Und klug war er!

Jetzt schlief er in seiner Höhle unter der drittgrößten Wurzel der Donnereiche. Und er schlief fest.

Endlich hatte Jakobus Nimmersatt mit seinem Getrommel Erfolg. Das Wurzelmännchen schob seinen Strubbelkopf aus dem Höhleneingang und brummelte verschlafen: „He! Jakobus! Bist du toll? Was soll der gräuliche Lärm? Willst du etwa den Donnerwald abholzen?“

„Ich nicht. Aber das wollen die Poggenbüttler!“, krächzte der Rabe aufgeregt und berichtete, was er hinter der Gardine von Nickel Brotessers Gaststube erlauscht hatte.

Wurzelpeter wurde hellwach.

„Was redest du da? Den Wald abholzen? Unseren Donnerwald?“, fragte er ungläubig. „Hast du dich auch nicht verhört, Jakobus?“

„Ich verhöre mich nie“, quarrte der Rabe gekränkt. „Ich kann eine Grille am Waldrand flüstern hören.“

Wurzelpeters Nase begann lila zu schillern, ein sicheres Zeichen dafür, dass ihm der Schreck bis in die Zehenspitzen gefahren war.

„Das müssen wir verhindern! Sonst geraten alle Tiere des Waldes in Not und Elend“, rief er so laut, dass Melitta von Eichenkron ihren Kopf wieder aus dem Eulenloch herausstreckte. Sie geriet ganz außer sich über die abscheuliche Nachricht und begann laut zu jammern: „Das ist schlimm, uhuuu! Schrecklich, uhuuu! Fürchterlich, uhuuu! Wenn die Donnereiche gefällt wird, muss ich aus meinem schönen Baumloch ausziehen. Und das ertrage ich nicht, uhuuuuuu!“

„Still da oben!“, fuhr Jakobus Nimmersatt sie an. „Wir müssen jetzt scharf nachdenken und bei deinem Geheul kann einem ja nichts Vernünftiges einfallen.“

Die Eule Melitta von Eichenkron verstummte eingeschüchtert und seufzte nur noch ab und zu ganz leise vor sich hin.

Nachdem er eine Weile nachgedacht hatte, sagte Wurzelpeter: „Wir müssen sofort eine Tierversammlung abhalten. Diese haarsträubende Geschichte geht uns alle an, auch unsere Nachbarn, die auf den Feldern wohnen.“

„So ist es“, quarrte Jakobus Nimmersatt beifällig. Er fand den Vorschlag mit der Tierversammlung sehr vernünftig. „Und wann treffen wir uns?“

„Wenn der Mond am höchsten steht, hier an der Donnereiche“, entschied das Wurzelmännchen.

„Wenn der Mond am höchsten steht, Treffpunkt Donnereiche“, wiederholte der Rabe. „Dann will ich gleich losfliegen und die Benachrichtigung der Feldmark organisieren. Bis später.“

Jakobus nahm einen kleinen Anlauf, spreizte die Schwingen und war drei Sekunden später über den Wipfeln verschwunden.

Auch Melitta von Eichenkron bot ihre Hilfe an: „Ich könnte die Botschaft am Waldrand verkünden. Will nur noch schnell mein Federkleid richten.“ Melitta war nicht nur vornehm, sie war auch ein wenig putzsüchtig.

„Du musst dich ungekämmt auf den Weg machen“, sagte Wurzelpeter. „Wir haben keine Sekunde Zeit zu verlieren.“

Die Eule schwirrte ohne Widerrede ab. Wenn Wurzelpeter in diesem Ton sprach, war nicht mit ihm zu spaßen.

Treffpunkt Donnereiche

Kaum war Melitta von Eichenkron verschwunden, pfiff Wurzelpeter dreimal lang und dreimal kurz. Ein wenig später raschelte es in der Donnereiche, etwas Rot-Braunes wirbelte durch die Luft und landete mit einem Plumps neben Wurzelpeter. Das war Eichhorn-Paule, Wurzelpeters bester Freund. Er wohnte in der obersten Etage der Donnereiche. Dort hatte er sich in einer Astgabel ein gemütliches Eichkatzennest gebaut.

Wenn Wurzelpeter das vereinbarte Signal pfiff, wurde Paule munter, breitete seinen buschigen Schwanz über dem Kopf aus, ließ sich von einem Ast fallen und segelte, wie an einem Fallschirm, nach unten.

„Was ist los?", erkundigte er sich erstaunt. „Steht unser Wald in Flammen? Oder warum holst du mich sonst aus dem besten Schlaf?"

„Die Poggenbüttler wollen den Donnerwald abholzen! Und das ist ebenso schlimm wie ein Waldbrand“, antwortete Wurzelpeter ernst. Dann berichtete er von der unheilvollen Millionen-Geschichte, die sich Bürgermeister Lobesam und die Poggenbüttler in den Kopf gesetzt hatten.

Dem Eichhorn-Paule sträubten sich die Nackenhaare vor Schreck.

„Was fällt denen denn ein!“, keckerte er empört. „Was haben sie gegen uns? Bis jetzt haben wir uns doch gut vertragen.“

„Es geht um viel Geld. Und wenn es um viel Geld geht, werden die Menschen oft unvernünftig“, sagte Wurzelpeter traurig. „Komm, Paule, wir müssen die Einladung zur Tierversammlung ausrufen. Jakobus und Melitta sind schon unterwegs.“

Nach diesen Worten kletterte Wurzelpeter auf Paules rostroten Rücken, klammerte sich an den Eichhörnchenohren fest und dann ging es los. Paule hüpfte über die Waldwiese, rasselte an dem glatten Stamm einer Buche empor und den erstbesten Ast entlang. Von dort hüpfte er zur nächsten Buche und so ging es weiter von Ast zu Ast, von Baum zu Baum, in einem höllischen Tempo. Äste knackten, Zweigspitzen wippten und es regnete Tannennadeln und trockene Blätter.

Von Zeit zu Zeit hielten die beiden an und Wurzelpeter stieß drei schrille Pfiffe aus, um die Aufmerksamkeit der Tiere auf sich zu lenken.

Sobald sich genügend Zuhörer eingefunden hatten, rief er seine Botschaft aus: „Wenn der Mond am höchsten steht, Tierversammlung an der Donnereiche! Um pünktliches Erscheinen wird gebeten! Bitte weitersagen!"

„Um was geht es?", wollten viele Tiere wissen.

„Es geht um unseren Wald. Und die Sache ist so wichtig, dass alle kommen müssen. Nur wer krank ist, wird entschuldigt", antwortete Wurzelpeter dann.

So ging es viele, viele Male. Zuletzt war Wurzelpeter so heiser, dass Eichhorn-Paule ihn ablösen musste.

Melitta von Eichenkron machte sich ihre Aufgabe leicht. Sie flog nicht weiter als bis zu einer großen

Kiefer am östlichen Waldrand. Dort wohnte der Eichelhäher Jockel Schnickschnack, der Waldkasper und Wortverdreher. Den weckte sie auf.

„Du hörst mir jetzt gut zu, Jockel“, sagte sie und funkelte ihn mit ihren Glühaugen an. „Ich habe Arbeit für dich. Du wirst dich sofort auf den Weg machen und am Waldrand folgende Botschaft ausrufen: Wenn der Mond am höchsten steht, Tierversammlung an der Donnereiche. Hast du mich verstanden?“

„G-g-gewiss doch, M-M-Melitta“, stammelte Jockel Schnickschnack, der vor den glühenden Eulenaugen eine heillose Angst hatte.

„Wiederhole die Botschaft!“, fauchte Melitta von Eichenkron ungeduldig.

Dreimal musste der aufgeregte Jockel die Botschaft nachsprechen. Dann erst war Melitta davon überzeugt, dass er sein Verslein aufsagen konnte.

„Dass du mir nichts Verkehrtes sagst!“, schärfte sie ihm noch ein, bevor sie ihn auf die Reise schickte. Und dann kehrte die Eule zu ihrer Wohnung zurück, um sich in Ruhe das Federkleid zu richten.

„Wenn der Hoch am mondsten steht, Tierversammlung an der Eichendonner … Nein, ich meine: Wenn der Mond am höchsten steht, Tierversammlung an der Donnereiche“, kreischte Jockel Schnickschnack und schaute sich ängstlich um, ob Melitta von Eichenkron seinen Versprecher gehört hatte. Alle Tiere hatten die Botschaft richtig verstanden. Sie wussten, dass Jockel ein Wortverdreher war.

Indessen organisierte Jakobus Nimmersatt die Benachrichtigung der Feldtiere in vorbildlicher Weise. Er saß auf der alten, verrosteten Wasserpumpe in der Schafweide von Stoffel Plietsch und sagte zu einer Nebelkrähe im grauen Reisefederkleid: „Berta, bitte benachrichtige die Rebhühner, Feldhühner, Fasanen, Birkhühner, Kiebitze und wen du sonst noch triffst. Vergiss die Störche und Reiher am Quabbelsee nicht."

Und einer blauschwarzen Saatkrähe schärfte Jakobus ein: „Sag bitte den Feldmäusen, Hamstern, Engerlingen, Regenwürmern und dem kleinen Kroppzeug Bescheid, Dora. Und sag den Maulwürfen, sie möchten die Nachricht unter der Erde verbreiten. Aber lass dich auf keine langen Unterhaltungen ein. Wir sind in Zeitnot."

Die Graue und die Blauschwarze sausten los.

Jetzt musste Jakobus Nimmersatt ganz schnell einen Happen essen. Vorhin hatte er ein Bröckchen Schafskäse gefunden, das Stoffel Plietsch gestern vom Butterbrot gefallen war. Und trockener Schafskäse mundete ihm vortrefflich.

Dann schwang er sich in die laue Nachtluft, um die Hasen, Kaninchen, Igel und seine eigene Rabensippe zu verständigen.

Pfoten weg vom Donnerwald!

Der Mond stand schon ziemlich hoch über dem Donnerwald. Nicht mehr lange, dann hatte er den höchsten Punkt seiner nächtlichen Bahn erreicht.

In Wald und Feld wurde es lebendig. Große und kleine Schatten huschten eilig hin und her. Auf der Kleewiese raschelte es. Im Weizenfeld wippten die Halme. Vom Entwässerungsgraben her ertönte lautes Schnaufen und Plantschen. Unter den Haselnusssträuchern knisterte es schier unheimlich und in der Walddickung knackte das Dürrholz. In der Luft rauschten und klatschten hundert Schwingenpaare oder mehr.

Alle Tiere waren auf dem Weg zum Treffpunkt Donnereiche.

Vor dem verfilzten Heckenrosenbusch am Wiesenrain hockte der Oberhamster Benjamin Plusterbacke auf seinen Hinterkeulen und musterte die versammelten Hamster, Mäuse und Maulwürfe mit strengen Blicken.

„Sind alle Hamster und Mäuse da … ha-hatschi?“, fragte er mit heiserer Stimme. Vorgestern, als er in den verkrauteten Wassergraben geplumpst war, hatte sich Benjamin ein pitschnasses Fell und einen Schnupfen geholt.

„Wir sind alle da!“, riefen die Hamster und Feldmäuse im Chor.

„Und die Maulwürfe?“

„Alle zur Stelle“, nuschelten die schwarzen Gesellen. Dabei hoben sie ihre Nasen kaum vom Erdboden.

„Wie steht es mit dem Kleingetier?“, fragte der Oberhamster weiter.

„Hier! Und hier! Und hier!“, ertönten die feinen Stimmchen der Regenwürmer, Engerlinge, Tausendfüßler, Grillen und Käfer.

Benjamin blies die Hamsterbacken auf, sodass sie prall nach beiden Seiten abstanden, und kommandierte: „Aufsitzen!“

Nun ringelten sich die Regenwürmer bei den Mäusen, Hamstern und Maulwürfen um die Hälse und das Krabbelvolk klammerte sich in den gelben, grauen und schwarzen Fellen fest. Man musste sie huckepack nehmen, sonst kämen sie nicht rechtzeitig zur Tierversammlung an der Donnereiche.

„Auf allen vieren – los! … hatschi!“, befahl Benjamin Plusterbacke. Die pelzigen Scharen trippelten voran und Benjamin setzte sich an die Spitze, wie es sich für einen richtigen Oberhamster gehört. Noch lange konnte man ihn niesen hören.

Um die gleiche Zeit kommandierte Hasen-Ururgroßvater Lebrecht Knicklöffel auf der Kleewiese: „Im gleichen Trott – hopp!“ Die Feldhasen und Wildkaninchen hoppelten los.

„Alles hört auf mein Gequake: Auf die Plätze, fertig, hüpft!“, schrie der Laubfrosch Adam Grünrock am Quabbelsee. Dann hüpfte er voraus und alle Laubfrösche, Kröten und Unken hüpften hinterher.

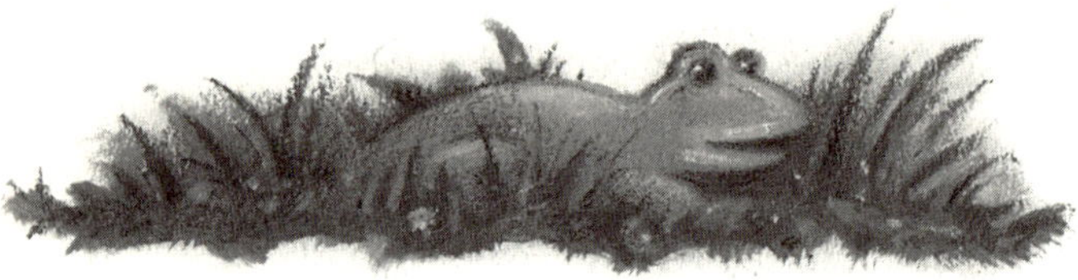

„Im Schweinsgalopp – hü!“, grunzte Sigismund Knitterschwarte im Dickicht und die Wildschweine trabten an. Durch dick und dünn ging es, dass der Waldboden dröhnte und die hohen Fichten ärgerlich ihre Wipfel schüttelten. Sigismund war das älteste und gröbste Wildschwein weit und breit. Schon als kleiner Frischling hatte er sich ziemlich ungestüm gezeigt.

Gemessenen Schrittes zogen die Rehe und Hirsche heran. Auf Samtpfoten schlichen Füchse, Dachse, Marder, Iltisse und Wiesel durch den Wald. Das laute Schnaufen und Prusten kam von den Igeln. Sie waren das schnelle Tempo nicht gewohnt.

Als der Mond am höchsten stand, wimmelte es auf der Waldlichtung an der Donnereiche von lauter Tieren. Beinahe alle waren Wurzelpeters Ruf gefolgt. Es fehlten nur die Kranken und diejenigen, die gerade auswärts einen Verwandtenbesuch machten.

Auf den Ästen der Donnereiche und in den umstehenden Bäumen saßen die Vögel dicht an dicht. Und auf der Waldwiese schnurrte, scharrte, schnaufte und schnüffelte es durcheinander.

Der Rabe Jakobus Nimmersatt saß auf einem abgestorbenen Ast, der knapp zwei Meter über dem Waldboden aus dem Stamm der Donnereiche ragte. Zwischen ihm und Eichhorn-Paule hockte Wurzelpeter, der Bürgermeister und Sprecher der Tiere.

„Ich bitte um Ruhe!“, krächzte Jakobus mit seiner lauten Rabenstimme. „Die Tierversammlung ist eröffnet. Wurzelpeter wird jetzt eine Rede halten.“

Auf der Waldlichtung wurde es mucksmäuschenstill.

„Liebe Freunde in Wald und Feld“, begann Wurzelpeter seine Rede an die Tiere, „die Zeit ist kostbar, darum will ich nicht erst lange um die Sache herumreden: Unser Donnerwald ist in Gefahr! Und ist unser Wald in Gefahr, sind auch wir in Gefahr! Die Poggenbüttler wollen alle Bäume fällen, um das Holz zu verkaufen. Sie sind geldgierig geworden und möchten auf diese Weise Millionäre werden …"

Hier musste Wurzelpeter seine Rede unterbrechen. Unter den Tieren brach ein Tumult aus.

Von überall her tönten Wutschreie und Protestrufe: „Diese unvernünftigen Menschen! … Haben sie denn kein Herz? Unsere schönen Bäume! … Wo sollen wir denn leben? … Ach, unsere armen Kinder …“, raunzte, fauchte, piepte, knurrte, grunzte und quarrte es von allen Seiten. Es dauerte einige Zeit, bis die Tiere sich so weit beruhigten, dass sie wieder zuhören konnten.

„Liebe Freunde", fuhr Wurzelpeter fort, „wir dürfen den Mut nicht verlieren. Noch ist es nicht so weit. Und es besteht immer noch Hoffnung, dass die Poggenbüttler es sich anders überlegen. So leicht soll uns kein Mensch aus unserer Waldheimat vertreiben! Ab sofort heißt unsere Parole: Pfoten weg vom Donnerwald!"

„Pfoten weg vom Donnerwald!", schrien alle Tiere. Die Hasen trommelten mit den Hinterbeinen, die Rehböcke und Hirsche stießen die Geweihe gegeneinander und die Vögel klatschten wild mit ihren Schwingen. Die Grillen zirpten in den höchsten Tönen, die Störche klapperten mit den Schnäbeln, die Füchse, Marder und Eichhörnchen wedelten mit den buschigen Schwänzen.

Neunundzwanzig blaue Briefe

„Ich danke euch, liebe Freunde“, sprach Wurzelpeter weiter. „Bis zum heutigen Tag hatten wir keinen Ärger mit den Poggenbüttlern. Darum schlage ich vor, wir schicken ihnen zuerst eine Warnung ins Haus. Wir schreiben unsere Parole …“

Hier wurde er durch ein zorniges Schnaufen unterbrochen.

„Eine Warnung? Da muss ich aber laut grunzen!“, polterte Sigismund Knitterschwarte mit gesträubten Borsten. Er regte sich gerne auf. „Was soll eine Warnung schon nützen? Ich schlage vor, wir Wildschweine ziehen aus und wühlen diesen Waldschändern alle Kartoffeläcker um. Wühlen ist immer gut.“

„Und wir futtern den Poggenbüttlern die Kirschbäume ratzekahl und die Erdbeerbeete dazu“, zeterten die Amseln, Drosseln und Stare.

„Dann essen wir ihnen den Kopfsalat weg und die Petersilie“, boten die Schnecken ihre Dienste an.

„Nein, nein, nein!“, sagte Wurzelpeter energisch. „So wollen wir nicht anfangen. Wenn die Menschen keine Einsicht zeigen, dann können wir uns immer noch etwas Wirksameres einfallen lassen. Zuerst kommt unsere Warnung.“

„Warnen geht nicht“, schniefte der Igel Stanislaus Borstig und schaute mit seinen glänzenden, schwarzen Knopfaugen zu Wurzelpeter empor.

„Und warum nicht?“, wollte Wurzelpeter wissen.

„Kein Papier“, antwortete Stanislaus wortkarg. Er machte wenig Worte, aber die hatte er sich immer gut überlegt.

„Und wer soll die Warnungen schreiben, wenn ich fragen darf?“, piepste die Waldmaus Pia Plüsch, die ein helles Mauseköpfchen hatte. „Schließlich kennen wir die Menschensprache nicht.“

„Das habe ich alles schon bedacht“, erklärte Wurzelpeter, „aber ihr lasst mich ja nicht ausreden. Jakobus soll unser Dolmetscher sein. Er hat mir berichtet, dass Stoffel Plietsch, der Schäfer, unser Freund, auch nicht damit einverstanden ist, dass der Donnerwald abgeholzt wird. Er wird uns sicher die Warnungen schreiben, wenn wir ihn darum bitten. Ein paar Briefbögen wird er wohl für uns übrig haben. – Jakobus, willst du das erledigen? Du kennst die Menschensprache, du kannst für uns mit Stoffel verhandeln."

„Ich werde die Angelegenheit sofort in die Kralle nehmen", krächzte Jakobus Nimmersatt begeistert. „Bin gut mit dem alten Stoffel bekannt. Dora! Du kannst mitkommen." Und unverzüglich machten sich die beiden schwarzen Vögel auf den Weg nach Poggenbüttel. Eine gute Stunde später kehrte Dora, die blauschwarze Saatkrähe, allein zurück. In ihrem Schnabel trug sie an einem Band neunundzwanzig Zettel, die sorgsam zusammengerollt waren. Auf denen stand geschrieben:

Warnung.
Pfoten weg vom
Donnerwald.
Die Tiere.

Stoffel Plietsch hatte sich viel Mühe mit dem Schreiben gegeben und auch noch seine Handschrift verstellt. Für sich brauchte er keine Warnung zu schreiben, darum waren es nur neunundzwanzig Zettel und nicht dreißig.

„Das hat gut geklappt“, berichtete Dora zufrieden. „Zuerst murrte Stoffel ein bisschen, weil wir seinen Schlaf störten. Als aber Jakobus ihm die Sache erklärte, hat er sofort Schreiber und Papier geholt. Und während er schrieb, hat er vor sich hin gekichert und gemeint: ‚Das gibt einen Hauptspaß! Ich bin gespannt, was meine lieben Poggenbüttler dazu sagen werden.‘“

Wurzelpeter nahm die Warnungen vor seinem Höhleneingang in Empfang. Und während er sie nachzählte, erkundigte er sich: „Sag mal, Dora, wo ist eigentlich Jakobus geblieben?“

Die Krähe zuckte mit den Schwanzfedern.

„Keine Ahnung“, sagte sie. „Kurz vor dem Heimflug hat Jakobus für uns beide noch ein Stückchen Schafskäse von Stoffel Plietsch geschnorrt. Dann erklärte er mir, dass er noch etwas zu erledigen hätte. Was, hat er mir nicht verraten.“

„Er wird schon wiederkommen“, brummte Wurzelpeter und rief zu Melitta von Eichenkron hinauf, die aus ihrer Wohnung herausschaute: „Melitta, leih uns bitte deine Schuhcreme.“

Die Eule zog ein saures Gesicht. Ihre kostbare Schuhcreme gab sie nicht gerne her. Eines Tages hatte sie die Dose hinter Nickel Brotessers Schuppen gefunden und den fehlenden Deckel durch ein passendes Lindenblatt ersetzt, damit ihr die Paste nicht austrocknete. Seitdem polierte sie sich dienstags und freitags die Krallen schwarz.

Wurzelpeter legte seine kleine Hand auf die Creme und drückte unter jede Warnung einen schwarzen Abdruck als Siegel. Das Gleiche machte der Igel Stanislaus Borstig mit dem rechten Vorderfuß und die Waldmaus Pia Plüsch mit einem ihrer zierlichen Vorderpfötchen. Jetzt sah das Schreiben beinahe amtlich aus.

Sie waren gerade mit dem letzten Zettel fertig, da kam Jakobus Nimmersatt zurück. Und was trug er in seinem Schnabel? Neunundzwanzig blaue Briefumschläge! Keinen mehr und keinen weniger.

„Einen Umschlag für jede Warnung! Hab ich gefunden“, krächzte er stolz.

„Gemaust“, verbesserte Stanislaus Borstig und kniff listig ein Auge zu.

„Jakobus, schau mich an!“ Wurzelpeter warf dem Raben einen scharfen Blick zu. „Stimmt das? Du hast diese Briefumschläge doch nicht etwa gestohlen?“

„Was ihr immer von mir denkt“, protestierte Jakobus Nimmersatt. „Gefunden hab ich sie! Jawohl – gefunden! In – in – in Anton Zimtzickels Papierkorb. Er brauchte sie wohl nicht mehr. Sie sehen ja auch schon ein bisschen schäbig aus.“

„In Anton Zimtzickels Papierkorb, soso …“, murmelte Wurzelpeter. Es klang nicht sehr überzeugt.

Es stimmte auch nicht. Die blauen Briefumschläge waren nicht schäbig, sondern nagelneu. Und sie hatten auch nicht in Anton Zimtzickels Papierkorb gelegen, sondern auf dessen Schreibtisch. Aber an solche Kleinigkeiten konnte sich Jakobus Nimmersatt später nicht mehr erinnern. Er hatte kurz entschlossen neunundzwanzig Umschläge abgezählt und anschließend in der Küche noch einen Rest rote Grütze verspeist, damit sie nicht verdarb. Und das alles konnte nur geschehen, weil Anton Zimtzickels Frau vergessen hatte, ein Fenster zu schließen.

„Wer trägt unsere Warnungen aus?“, fragte Wurzelpeter nun.

„Das ist eine Arbeit für uns“, meldete sich Dolores Seidenbast, die Chefin der Tauben. Ihren klangvollen Vornamen trug sie nach einer spanischen Großmutter. Zwölf Brieftauben, sieben Turteltauben, zwei Hohltauben, fünf Ringeltauben und drei Lachtauben nahmen nun je einen Brief in den Schnabel. Wurzelpeter hatte sie zuvor in die blauen Umschläge gesteckt. Und als der Mond gerade unterging, flatterten neunundzwanzig blaue Briefe in neunundzwanzig Häusern durch die Briefschlitze.

Nun erst recht!

„Kikeriki", krähten die Hähne von Poggenbüttel gleichzeitig. Es war genau sechs Uhr morgens. Für diese Zeit hatten die Poggenbüttler den Weckruf bestellt.

„Kikeriki", ertönte es wenig später.

Das war Schneider Meckerzwirns weißer Hahn. Er krähte immer eine halbe Minute später als die anderen. Sein Wecker stimmte nicht mehr. Aber Schneider Meckerzwirns Hahn war schon sehr alt. Sein Halsgefieder zeigte kahle Stellen und von den langen, sichelförmigen Schwanzfedern war ihm nur eine einzige geblieben.

Bald darauf stieg aus allen Schornsteinen der Rauch kerzengerade in die Luft. Die Hausfrauen richteten das Frühstück. Erst als der Kaffeeduft durch die Häuser zog, sprangen die Männer aus den Betten und hielten ihre Köpfe unter die Duschen. Sie hatten von der gestrigen Versammlung noch heftiges Schädelbrummen. Aber eine große Überraschung stand ihnen noch bevor: In allen Hausfluren lagen blaue Briefe. Nur Stoffel Plietsch hatte keinen bekommen.

Bürgermeister Lobesam runzelte die Stirn. Er hatte auch Grund dazu, denn der Brief trug weder Adresse noch Absender und die Briefmarke fehlte auch.

„Sonderbar …“, brummte er, öffnete den geheimnisvollen Brief mit dem Eierlöffel, zog einen Zettel heraus und las ihn. Dabei wurde sein Gesicht puterrot. Vor lauter Wut verschluckte er sich so, dass seine Frau ihm den Rücken klopfen musste.

„Da soll doch gleich das Donnerwetter dreinschlagen!“, polterte er los. „Eine Warnung von den Tieren? Ja, was bilden die sich denn ein!? Na wartet!“

„Was redest du da von einer Warnung, Mann?“, fragte seine Frau.

„Ach, nichts Besonderes“, antwortete Bürgermeister Lobesam. Die Poggenbüttler Männer hielten ihre Millionärsidee noch geheim, weil sie fürchteten, dass ihre Frauen nicht damit einverstanden sein würden.

Er schob den verdächtigen Brief schnell in die Joppentasche, packte zwei Butterbrote ein und rannte in den Stall. Dort suchte er Axt, Säge und Keile hervor und anschließend koppelte er den Traktor vor den großen Anhänger.

Drei Häuser weiter drehte Kaufmann Anton Zimtzickel den blauen Brief zwischen den Fingern hin und her, hielt ihn unter die Nase und roch daran. Es duftete schwach nach Käse und Gewürznelken, genau wie in seinem Laden.

„Sehr verdächtig", murmelte er stirnrunzelnd. „Der Geruch kommt mir sehr bekannt vor. Ob ich mal meine Briefumschläge nachzähle ...?"

„Sei nicht immer so misstrauisch, Anton", sagte seine Frau. „Blaue Briefumschläge kann man überall kaufen."

„Das schon", antwortete Anton Zimtzickel, „aber keine, die nach Käse und Gewürznelken riechen." Nachdenklich zog er den Zettel aus dem Umschlag, las und rief: „Unerhört!"

„Was ist unerhört, Anton?", fragte seine Frau.

„Ach, nichts Besonderes", antwortete Anton Zimtzickel.

Und so ging es in jedem Haus. Nur Stoffel Plietsch aß an diesem Morgen sein Frühstück mit Appetit. Danach zündete er seine Pfeife an und sagte zu sich selber: „Und jetzt hör ich mich mal um, was die blauen Briefe ausgerichtet haben. Es kann ja sein, dass die Warnungen etwas nützen." Große Hoffnungen machte sich Stoffel Plietsch nicht. Er kannte seine dickköpfigen Poggenbüttler.

Um Punkt sieben Uhr versammelten sich die Männer mit Äxten und Sägen, mit Seilen und Keilen, mit Butterbrotpaketen, Kaffeeflaschen, Traktoren und Anhängern an der Mühlbachbrücke. Von dort führte ein Weg in den Donnerwald. Die Poggenbüttler sprachen aufgeregt durcheinander und fuchtelten mit den blauen Briefen in der Luft herum.

„Männer von Poggenbüttel!", schrie Bürgermeister Lobesam von seinem Traktor herunter. „Wir lassen uns nicht einschüchtern. Eine Warnung hat gar nichts zu bedeuten. Was können die Tiere schon gegen uns ausrichten? Gleich fallen die ersten Bäume. Nun erst recht!"

„Nun erst recht!", schrien die Poggenbüttler ihrem Bürgermeister nach und schlugen die Warnung der Tiere in den Wind.

Stoffel Plietsch kam mit langen Schritten herbeigeeilt.

„Na, hast du dir die Sache überlegt? Willst du nun doch mitmachen?", fragte Bürgermeister Lobesam ihn höhnisch.

„Nein, das will ich ganz gewiss nicht", antwortete der Schäfer. „Ich will euch noch einmal ins Gewissen reden. Noch ist es Zeit, diese unsinnige Millionärsidee aufzugeben. Bedenkt doch endlich, dass es Dinge auf der Welt gibt, die euch nicht alleine gehören.

Nirgendwo gibt es so schöne große Bäume wie im Donnerwald. Fällt ihr sie, wird es über hundert Jahre dauern, bis wieder so große Bäume nachgewachsen sind. Ich bitte euch: Macht die Tiere nicht heimatlos!“

Aber Bürgermeister Lobesam sagte nur: „Hört nicht auf ihn! Der Wald gehört uns! Jetzt fahren wir los.“ Und dann setzte sich die Kolonne in Bewegung.

„Sie sind ebenso störrisch wie meine Schafböcke“, schimpfte Stoffel Plietsch vor sich hin und ging, um nach seinen Schafen zu sehen. Er nahm sich vor den Tieren zu helfen, wo immer er konnte.

Wer heult, bekommt hässliche Augen

Kommen die Poggenbüttler oder kommen sie nicht? Diese Frage ging den Tieren so im Kopf herum, dass sie für den Rest der Nacht keinen Schlaf mehr fanden. Darum kamen sie lange vor Sonnenaufgang wieder auf der Waldwiese vor der Donnereiche zusammen. Vielleicht konnte Wurzelpeter Trost und Zuspruch spenden. Aber Wurzelpeter war selber trostbedürftig. Er schwankte, genau wie alle anderen, zwischen Furcht und Hoffnung, nur dass man es ihm nicht so anmerkte. Er hockte auf seinem Lieblingsplatz, der drittgrößten Eichenwurzel, ließ die Beinchen baumeln und kraulte Eichhorn-Paule das Nackenfell. Das half ihm seine Aufregung zu verbergen. Keiner sollte merken, dass der Bürgermeister der Tiere aufgeregt war.

Melitta von Eichenkron aber war untröstlich. Sie heulte zum Erbarmen, mal laut, mal leise, aber meistens laut. Mehrmals baten die anderen Tiere sie um Ruhe. Aber Melitta wollte sich nicht beruhigen.

Jakobus Nimmersatt saß auf der höchsten Astspitze der Donnereiche mit dem Auftrag, sofort laut zu krächzen, sollten die Poggenbüttler anrücken. Die Minuten verrannen wie Sirup. Warten müssen ist unangenehm. Besonders wenn man auf etwas wartet und hofft, dass es nicht kommen möge, aber fürchtet, dass es eintreffen könnte.

Der Oberhamster Benjamin Plusterbacke nieste dreimal hintereinander und sagte griesgrämig: „Diese Warterei ist vergeudete Zeit. Meine Getreideernte ist noch nicht beendet und mein Keller erst halb voll."

„Benjamin", mahnte Wurzelpeter, „denk nicht immer nur an dich ..." Er wurde unterbrochen.

„Kräh, karräh!", krächzte Jakobus Nimmersatt laut. „Sie kommen doch! Sie kommen mit Traktoren und Anhängern angefahren."

Wurzelpeter seufzte traurig. „Ich ahnte es. Aber man hofft ja immer bis zum letzten Augenblick."

Die Tiere waren enttäuscht. Sie blickten Hilfe suchend auf ihren kleinen Bürgermeister. Von überall her rief man ihm zu: „Was nun? ... Was sollen wir tun? ... Gibt es gar keine Rettung mehr?"

„Unsere Zeit kommt noch. Lasst die Sonne nur erst untergegangen sein", tröstete Wurzelpeter seine

Tierfreunde. „Unsere Warnungen haben die Poggenbüttler leider nicht ernst genommen. Kehrt in eure Behausungen zurück, bewahrt Ruhe und lasst mich nachdenken."

„Mir recht. Dann will ich mich noch ein paar Stunden auf die Schwarte legen. Hab die ganze liebe lange Nacht kein Auge zugetan", grunzte Sigismund Knitterschwarte und trollte mit seiner Wildschweinrotte davon.

„Auch uns täte etwas Schlaf gut", raunzte Beppo Baggerklaue, der Anführer der Dachse. „Gebt uns Nachricht, wenn wir gebraucht werden." Und Dachse, Marder, Füchse, Iltisse und Wiesel machten sich davon.

„Dann bis später“, verabschiedeten sich die Regenwürmer, Tausendfüßler und Mäuse. Sie bohrten und gruben sich blitzschnell in den Waldboden ein, weil sie sich am hellen Tag über der Erde nicht recht wohl fühlten. Und die Hamster eilten zu ihren Körnern zurück.

Dann war es so weit: Axtschläge hallten durch den stillen Wald und die Sägen kreischten. Die Poggenbüttler waren dabei, sich ihre erste Million zu verdienen.

Jakobus Nimmersatt segelte von seinem Ausguck herab.

„He! Warum so ein miesepeteriges Gesicht?“, fragte er Wurzelpeter.

„Wundert dich das?“, gab der zur Antwort. „Lange wird es nicht mehr dauern, dann fallen die ersten Bäume – und das macht mich traurig.“

„Und wir können uns nicht dagegen wehren“, fügte Eichhorn-Paule grimmig hinzu.

„Wir müssen den Kopf oben behalten“, sagte Jakobus Nimmersatt.

„Kommt Zeit – kommt Rat, sagte meine Großmutter auch immer. – Ist dir schon etwas eingefallen, was wir tun können, Wurzelpeter?“

„Bei dem Geheul von Melitta kann einem nichts einfallen. Aber sie hört ja nicht damit auf“, sagte Wurzelpeter.

„Mit Heulen ändert man gar nichts“, krächzte Jakobus. „Ich werde ihr gleich die Heulerei abgewöhnen.“ Er schwang sich mit drei kräftigen Flügelschlägen zu Melittas Wohnung hinauf.

„Hallo, Melitta! Kannst du mir einen Augenblick zuhören? Es ist wichtig.“ Jakobus Nimmersatt hatte eine Idee. Und eine sehr gute, wie ihm schien.

Das Geheul brach ab. Die Eule steckte ihren Kopf heraus, blinzelte in das helle Morgenlicht und fragte: „Was gibt es?“

„Neuigkeiten“, wisperte Jakobus listig, „wichtige Neuigkeiten: Wenn ich du wäre, würde ich keine Sekunde länger heulen. Viel zu gefährlich: Man bekommt davon hässliche Augen. Und noch schlimmer: Die Kopffedern fallen einem aus und eh man sich versieht, hat man eine Glatze.“

„Jakobus, du lügst!“, sagte Melitta von Eichenkron. „Von dir nehme ich keine Ratschläge an.“

„Der gute Rat kommt nicht von mir“, schwindelte Jakobus Nimmersatt weiter, „den hat mir der Schäfer Stoffel Plietsch anvertraut, damit ich ihn dir weitersage. Wenn du mir nicht glaubst, kannst du die Krähe Dora fragen, die war dabei ... Dora! Dora!“, rief er. Die blauschwarze Saatkrähe war nicht da und niemand wusste das besser als Jakobus. „Schade, sie muss gerade unterwegs sein. Du kannst nicht abstreiten, Melitta, dass Stoffel der klügste Mann von Poggenbüttel ist. Aber wenn dir eine Glatze nichts ausmacht – bitte ...“ Der Rabe tat, als sei die Angelegenheit damit für ihn erledigt. Aber das war nur eine List.

„Jakobus“, sagte die Eule unentschlossen, „hat Stoffel Plietsch das auch ganz bestimmt gesagt?“

„Auf meine Rabenehre, wirklich, ganz bestimmt“, versicherte Jakobus Nimmersatt scheinheilig.

„Es sind deine Augen und deine Kopffedern. Also tu, was du willst. Aber mach mir später keine Vorwürfe.“ Nach diesen Worten entschwebte er nach unten, denn er wusste, Melitta würde jetzt still sein.

Hässliche Eulenaugen und eine Glatze wünschte sich Melitta von Eichenkron nicht. Darum stieß sie nur noch einen letzten, langen Seufzer aus und dann hörte man keinen Laut mehr von ihr.

„Gut gemacht. Aber du bist ein unverbesserlicher Schwindler, Jakobus“, flüsterte Wurzelpeter dem

Raben ins Ohr. Und laut sagte er: „Es ist das Beste, du fliegst zum Waldrand, um die Poggenbüttler im Auge zu behalten."

„Ein richtiger Schwindelmeister ist Jakobus", sagte Eichhorn-Paule bewundernd.

Jakobus Nimmersatt kniff vergnügt ein Auge zu und krächzte: „Ich mach mich auf den Weg. Pfoten weg vom Donnerwald!"

„Pfoten weg vom Donnerwald!", riefen alle Tiere, die auf der Waldlichtung zurückgeblieben waren.

Mettwurstbrote … Kräh!

Magnus Lobesam wischte sich die Schweißtropfen von der Stirn, warf einen Blick auf seine Armbanduhr und rief: „Mittagspause, Leute!"

Darauf hatten die Poggenbüttler schon lange gewartet, denn Bäume fällen macht hungrig. Schnell legten sie ihre Äxte und Sägen aus der Hand, warfen sich ins Waldgras und aßen ihre Butterbrote.

„Es ist anstrengend, durch Arbeit ein Millionär zu werden", seufzte Nickel Brotesser, der Gastwirt. Sein Hemd war klitschnass von Schweiß und auf seinem rechten Handballen hatte sich eine blaurote Blutblase gebildet.

„Das kommt mir auch so vor", bestätigte Anton Zimtzickel mit einem wehleidigen Blick auf seinen linken Handballen. Dort leuchtete bei ihm eine blaurote Blutblase. Anton war Linkshänder und arbeitete nur selten so schwer.

Insgeheim dachte er, dass es doch viel bequemer war, in seinem Laden Mehl, Rosinen und Kaugummi zu verkaufen.

„Nicht schlappmachen!“, rief Bürgermeister Lobesam seinen Männern zu und reckte sich hoch auf. Doch dann stöhnte er, griff sich an den Rücken und sagte: „Au, au!“

Einige Poggenbüttler lachten schadenfroh. Es tröstete sie, dass es ihrem Bürgermeister nicht besser erging als ihnen.

Im höchsten Wipfel der größten Kiefer saß Jakobus Nimmersatt. Er zuckte unruhig mit den Flügelspitzen und musste dauernd schlucken. Das musste er immer, wenn er andere Leute essen sah. Sein Appetit wurde von Minute zu Minute größer. Und wenn sein Appetit riesengroß war, unternahm Jakobus etwas dagegen.

„Mettwurstbrote … karräh! Ich riech sie bis hier oben“, quarrte er begehrlich.

Die Poggenbüttler waren satt und streckten sich behaglich aus, um ihren gewohnten Mittagsschlaf zu halten.

Und bald hörte man es von überall her schnarchen: neben dem Reisighaufen, an der Zwillingsbuche, im hohen Farnkraut, bei den Dornbüschen und sogar unter den Anhängern.

Nickel Brotessers Bauch hob und senkte sich gleichmäßig, ein Zeichen dafür, dass er fest schlief. Dicht hinter seinem Kopf lagen zwei dick belegte Mettwurstbrote auf einem Stück Papier, die er sich für die Nachmittagspause aufsparen wollte.

„Die Gelegenheit ist günstig … ungewöhnlich günstig", murmelte Jakobus Nimmersatt heißhungrig. „Ich tue ein gutes Werk, wenn ich Nickel Brotesser ein Mettwurstbrot stiebitze. Er ist ohnehin zu dick."

Und lautlos wie ein schwarzer Schatten schwebte Jakobus von seinem Baumwipfel herab, schwebte über Nickel Brotessers gewölbten Bauch, zog eine enge Steilkurve und – packte mit sicherem Schnabelgriff das obere Mettwurstbrot. Dann huschte er mit seiner Beute pfeilschnell durch die Gabel der Zwillingsbuche wieder hinauf auf seinen Baumwipfel.

Niemand hatte etwas gemerkt. Die Poggenbüttler waren so müde von der ungewohnten Arbeit, dass nicht mal ein Gewitterdonner sie aufgeweckt hätte.

Nach dem Mittagsschlaf gingen die Männer wieder an die Arbeit. Sie hackten, dass die Späne flogen, und die Sägen kreischten ärger als zuvor. Einige fällten die Bäume, andere befreiten sie von Ästen und Laub. Und noch andere zerteilten die langen Stämme und die Übrigen luden sie unter Ächzen und Stöhnen auf die Anhänger.

Nickel Brotesser war wütend.

„Das gefräßige Ameisenpack hat mir mein schönstes Mettwurstbrot geklaut", schimpfte er. Dieser Verdacht war ihm gekommen, als er ein paar Waldameisen auf der übrig gebliebenen Brotscheibe herumturnen sah.

„Geschieht dir ganz recht", sagte Schneider Meckerzwirn. „Pass besser auf deine Sachen auf!"

Jakobus Nimmersatt hatte inzwischen den letzten Brotkrümel verschlungen. Er war satt und widmete sich wieder seinen Pflichten als Beobachter. Sorgfältig zählte er die gefällten Bäume und jedes Mal, wenn ein Waldbaum krachend umstürzte, zuckte er zusammen. Schließlich krächzte er besorgt: „Achtunddreißig Bäume haben sie schon gefällt! Wenn diese Waldschänder so weitermachen, sehe ich pechrabenschwarz."

Berta, die graue Nebelkrähe, besuchte ihn.

„Soll ich dich ablösen, Jakobus?", fragte sie liebenswürdig.

Aber Jakobus Nimmersatt, der noch immer den herrlichen Mettwurstgeschmack auf der Zunge spürte, wollte diesen günstigen Posten nicht aufgeben. Er lehnte dankend ab.

„Nicht nötig, Berta. – Weißt du, ob Wurzelpeter schon eine Idee hat, wie wir die Poggenbüttler aus dem Wald vertreiben können?"

„Er hat noch nichts gesagt", antwortete die Krähe. „Aber er lässt nach der Anzahl der gefällten Bäume fragen."

In diesem Augenblick gab es einen lauten Krach. Eine meterdicke Buche stürzte zu Boden und ihr Fall wurde von den Poggenbüttlern mit lautem Jubel begrüßt.

„Das eben war der neununddreißigste Baum“, sagte der Rabe. „Diese Menschen sind viel zu fleißig. Leider.“

„Ich werde es sofort Wurzelpeter melden.“ Mit diesen Worten schwirrte die graue Berta eilig ab.

Die Männer von Poggenbüttel arbeiteten bis zum späten Abend. Dann waren sie so erschöpft und zerschunden, dass sie keine Lust hatten, die Anhänger an die Traktoren zu kuppeln. Arme, Beine, Rücken, Hälse – alles tat ihnen weh.

„Wir setzen uns auf die Zugmaschinen und fahren nach Hause“, sagte Bürgermeister Lobesam. „Die Anhänger mit der Holzladung können wir auch noch morgen früh abholen.“

Dann fuhren sie müde nach Hause und gleich nach dem Abendessen fielen sie ins Bett, schliefen ein und träumten von blinkenden Äxten, kreischenden Sägen, blauroten Blutblasen und prall gefüllten Geldschränken ...

Die Stunde der Erdarbeiter

Als es Nacht wurde, versammelten sich die Tiere wieder an der Donnereiche. Sie hatten sich ausgeruht und warteten nun gespannt auf Wurzelpeters Vorschläge. Allen war klar: Es musste etwas geschehen, und zwar schnell.

Zuerst krächzte der Rabe Jakobus Nimmersatt seinen Bericht: „Die Poggenbüttler haben zweiundsiebzig Bäume gefällt. Danach waren sie so erschöpft, dass sie sich auf ihre Traktoren setzten und nach Hause fuhren. Die beladenen Anhänger haben sie einfach stehen lassen, die wollen sie morgen früh abholen." Von dem stiebitzten Mettwurstbrot erwähnte Jakobus nichts.

„Zweiundsiebzig herrliche Waldbäume! Welch ein Unglück", jammerten die Tiere, denn ein paar Eichhörnchen und Waldkäuze mussten sich schon nach einer neuen Bleibe umsehen.

„Diese Menschen sind Barbaren. Böööh!“, röhrte Hubertus Siebentritt mit dröhnender Hirschenstimme.

„Können die Geweihträger nicht sofort ausziehen, um alle Fensterscheiben in Poggenbüttel zu zertrümmern?“ Hubertus schüttelte drohend sein Geweih mit den vierzehn weiß blinkenden Enden.

„Das schlag dir aus dem Kopf, Hubertus Siebentritt“, lehnte Wurzelpeter diesen Vorschlag ab. „Zwar müssen wir ein bisschen nachhelfen, damit die Menschen ihr Unrecht schneller einsehen, aber Fensterscheiben einschlagen ist nicht der richtige Weg. – Die holzbeladenen Anhänger stehen noch im Wald, sagtest du das nicht, Jakobus?“

„Stimmt!“, antwortete der Rabe.

Wurzelpeter bekam blitzende Augen.

„Jetzt habe ich die richtige Idee“, rief er. „Wir graben die Anhänger mitsamt der Holzladung ein. Ganz tief! Damit sie große Mühe haben, sie wieder auszugraben. Dann haben sie so viel zu tun, dass sie keine neuen Bäume fällen können. Das ist die richtige Arbeit für alle Tiere, die gut wühlen können.“ Wurzelpeter zeigte auf die Dachse, Kaninchen, Mäuse, Maulwürfe, Hamster und Wildschweine und fuhr fort: „Seid ihr einverstanden?“

„Ja! … Ja! … Ja! …“, stimmten die Tiere zu.

„Ein prächtiger Plan“, schnaufte das Wildschwein Sigismund Knitterschwarte erfreut. „Ich sage ja immer – mit Wühlen kommt man am weitesten.“

Und dann setzten die Tiere Wurzelpeters Plan in die Tat um. Alle Wühler machten sich auf den Weg zu den Holzwagen. Die Regenwürmer wurden wieder huckepack getragen. Man wollte nicht auf ihre Mitarbeit verzichten, weil sie besonders in der Tiefe die Erde lockerten. Viele Tiere begleiteten die Wühler als Zuschauer und um sie bei der Arbeit anzufeuern.

Als der Mond aufging, war die Arbeit schon in vollem Gange. Und die Tiere waren in der Nacht noch fleißiger als die Poggenbüttler tagsüber.

Hubertus Siebentritt und seine Hirsche stießen ihre Geweihe in den Boden hinein und pflügten um die Wagen herum das Erdreich auf.

Ihnen auf den Hufen folgte Sigismund Knitterschwarte mit den Wildschweinen. Wohlig grunzend wühlten sie einen tiefen Graben aus.

Die getreuen Regenwürmer verschwanden blitzschnell im Erdboden, um tief unten ihre Pflicht zu tun. Ebenso machten es die Maulwürfe, Mäuse und Hamster. Sie durchzogen das Erdreich unter den Wagen mit einem Netzwerk von Röhren und Gängen.

Beppo Baggerklaue wühlte mit seiner Dachsmannschaft besonders geschickt. Alle Dachse hockten in einer Reihe nebeneinander unter den Wagenböden und schaufelten so, dass die Erdkrumen spritzten. Sobald Beppo „Kehrt!" rief, drehten sich alle Dachse gleichzeitig auf den Hinterpfoten um und begannen die Erde zur anderen Seite herauszuschleudern.

Die Kaninchen nahmen sich die Wagenräder vor und sie werkten so eifrig, dass man von ihnen nur ab und zu einen Ohrlöffel oder einen Stummelschwanz blitzen sah. Die Zuschauer jubelten.

„Bravo!", feuerten sie ihre Freunde an. „Bravo, Hubertus und seine Hirsche!" Oder: „Ein Lob für Sigismund und die schwarzen Gesellen!" Oder: „Hurra für Beppo und seine Dachse!"

Immer wenn ein Mause-, Hamster-, Maulwurfs- oder Regenwurmgesicht aus einem Loch auftauchte, riefen die Zuschauer von allen Seiten: „Sagt den Wühlern unter der Erde unseren Dank. Sagt ihnen: ‚Weiter so!'"

Dazu zirpte der Grillenchor schöne Nachtlieder. Die Glühwürmchen führten bezaubernde Laternentänze auf und als Höhepunkt ihrer Darbietungen schrieben sie „Pfoten weg vom Donnerwald!" mit rot glühenden Pünktchen in die Luft.

Der gemischte Chor der Laubfrösche quakte das Lied von der „Quappenfee am Quabbelsee". Und das ging so:

Am quak quak quak – am Quabbelsee,
In einem grünen Ländchen,
Dort sitzt die quak – die Quappenfee
Auf einer weißen Seerose;
Sie plätschert mit dem Quappenzeh
Und wartet auf ein Ständchen.

In quak quak quak – in Schilf und Rohr
Am Quabbelseenstrand,
Da sitzt ein Frosch, ein Quak-Tenor,
Und mit ihm quakt der Frosch-Quak-Chor
Der Quappenfee ein Nachtlied vor.
Und sie winkt mit der Hand.

Quak quak quak und quak und quak …
Bis elf geht das Konzert.
Dann wird ein „Gute Nacht“ gequakt
Und danach hat sich's ausgequakt.
Die Quappenfee, sie lacht und sagt:
„Ich fühl mich sehr geehrt.“

Bodo Suselind, der berühmte Nachtigallensänger, schmetterte eine Arie in den höchsten Tönen: „Ihr wühligen Würmer wühlet zum Wohle des Waldes …"

Und er sang so schön, dass die meisten Wühler eine Arbeitspause einlegten, um ihm zuzuhören.

„Bodos Gesang rührt mein Herz", piepste Pia Plüsch und wischte sich verstohlen mit der Pfote eine Träne ab.

„Komisch, ich krieg immer Appetit, wenn ich jemanden singen höre", krächzte Jakobus Nimmersatt. Aber er krächzte es leise.

„Diese langweilige Singerei hält unsereinen nur von der Arbeit ab", murrte der Oberhamster Benjamin Plusterbacke und verschwand eilig wieder unter der Erde. Benjamin war unmusikalisch.

Die Erdarbeiten gingen gut voran. Die Holzanhänger der Poggenbüttler sanken tiefer und tiefer. Zuerst war es eine Handbreit, dann zwei, dann waren alle Räder bis zu den Achsen eingesunken und zuletzt sah man nur noch die beiden obersten Baumstämme. Alles andere bedeckte die Erde.

„Das genügt", sagte Wurzelpeter. „Wir können Schluss machen."

„Die Poggenbüttler werden ganz schön schwitzen, wenn sie ihre Holzwagen ausgraben müssen", krakeelte Jakobus Nimmersatt schadenfroh.

Sigismund Knitterschwarte schüttelte sich die Erdkrumen aus den Borsten und grunzte enttäuscht: „Schade, ich könnte noch weiterwühlen. War gerade so schön in Schwung."

Eine Stunde vor Sonnenaufgang, als sich im Osten ein zarter rosa Schimmer zeigte, rückten die Tiere ab. Sie waren mit ihrer Arbeit zufrieden.

Jakobus Nimmersatt meldete sich gleich wieder als Beobachter für den kommenden Tag. Der Hasenjüngling Karlchen Tatterbein bot sich als Läufer an, um dringende Nachrichten zu überbringen. Karlchen, ein Ururenkel vom alten Lebrecht Knicklöffel, besaß von allen Junghasen die flinksten Hasenbeine.

Die Eule Melitta von Eichenkron war schlechter Laune, obwohl sie nicht gearbeitet hatte. Sie seufzte vor sich hin: „Wenn Jakobus Nimmersatt nun doch geschwindelt hat? Andererseits ist Stoffel Plietsch, der Schäfer, ein kluger Mann …" Ob sie wohl ein leises Geheul riskieren konnte, bevor es ganz hell wurde? Nein, lieber nicht, beschloss Melitta.

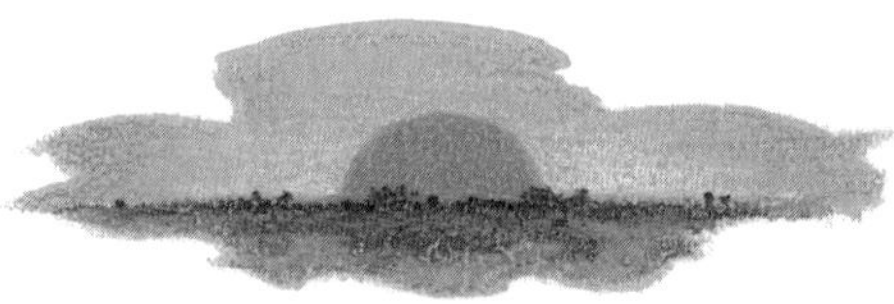

Ein Koffer voller Geld

Um sieben Uhr in der Früh fuhren die Poggenbüttler wieder in den Donnerwald. Sie hockten ein wenig krumm hinter dem Steuer, weil ihnen ihre Rücken noch wehtaten. Trotzdem waren sie voller Zuversicht.

Dann entdeckten sie die Bescherung mit den eingegrabenen Anhängern und ihre gute Morgenlaune war wie weggeblasen. Bürgermeister Lobesam schwollen die Stirnadern an.

„Donner und Doria!“, schimpfte er los. „Wer hat uns diesen Streich gespielt? Etwa die Tiere?“

„Was machen wir nun?“ Die Poggenbüttler schauten sich ratlos an.

„Dumme Frage“, sagte Bürgermeister Lobesam energisch, „wir müssen unsere Wagen wieder ausgraben! Was denn sonst? Und in Zukunft machen wir die Sache anders! Wenn die Wagen beladen sind, werden sie gleich in die Stadt gefahren, das Holz wird verkauft und das Geld kassiert. Dann kann uns das nicht noch einmal passieren – so, und jetzt fahren sofort ein paar Männer nach Hause, um Spaten und Schaufeln zu holen. Wir anderen fällen indessen Bäume, um keine Zeit zu verlieren." Bürgermeister Lobesam ließ sich nicht so leicht entmutigen.

Das fand auch Jakobus Nimmersatt, der wieder auf seinem hohen Kiefernwipfel saß.

„Alle Achtung!", krächzte er anerkennend. „Diese Poggenbüttler sind ja viel zäher, als wir dachten. Und dumm ist Magnus Lobesam auch nicht gerade."

Karlchen Tatterbein hockte unter einem Dornbusch und langweilte sich. Er musste warten, bis Jakobus Nimmersatt einen Auftrag für ihn hatte. Endlich war es so weit.

„Hör genau zu, mein Sohn", krächzte Jakobus leise in Karlchens linken Ohrlöffel, „du rennst jetzt los und richtest Wurzelpeter folgende Botschaft aus: Die Poggenbüttler sind zäh wie – wie – wie Wurstpelle. Bürgermeister Lobesam hat ein paar Männer zurückgeschickt, um Schaufeln und Spaten zu besorgen. Die anderen fällen schon wieder Bäume. Vergiss nicht, die Parole zu sagen. Kannst du das in deinem Hasenkopf behalten?"

„Na klar doch! Bin ja nicht doof!", sagte Karlchen Tatterbein, legte die Ohrlöffel an und sauste los.

„Nein, doof ist der wirklich nicht. Aber frech wie ein ganzes Nest voller Jungraben", krächzte Jakobus leise vor sich hin. Er mochte keine Duckmäuser.

Karlchen, der Junghase, rannte quer durch den Donnerwald. Durch dick und dünn. Sein Stummelschwanz, der wie eine weiße Blume leuchtete, wippte auf und ab. Auf der Lichtung vor der Donnereiche schlug er einen übermütigen Haken und zwei Hasenlängen vor Wurzelpeter machte er Männchen.

„Parole: Pfoten weg vom Donnerwald! Jakobus Nimmersatt lässt ausrichten, die Poggenbüttler sind zäh wie Wurstpelle …"

Karlchen Tatterbein ratterte seine Nachricht fehlerlos herunter.

„Gut gemacht, Karlchen", lobte Wurzelpeter. Und zu den versammelten Tieren sagte er: „Es hilft nichts, wir müssen noch abwarten." Danach schickte er Karlchen Tatterbein wieder zurück. „Lauf los, mein Sohn, und richte Jakobus Nimmersatt meinen Dank aus. Sag ihm, er soll weiter beobachten. Und sollte es dringende Nachrichten geben, soll er dich wieder losschicken."

„Wird prompt erledigt", versprach Karlchen und war kurz danach im hohen Farnkraut verschwunden.

„Die flinken Hasenbeine hat der Bengel von mir", sagte Hasen-Ururgroßvater Lebrecht Knicklöffel stolz und fügte wehmütig hinzu: „Meine Beine wollen nicht mehr so recht. Das macht das Alter."

Indessen mussten die Poggenbüttler schwitzen und um die Wette schaufeln. Bald standen sie bis zum Hals in der Erde. Danach wuchteten sie die Wagen hoch, schoben Reisig unter die Räder und zogen sie nacheinander mit dem stärksten Traktor aus den tiefen Gruben heraus.

Am frühen Nachmittag musste Karlchen Tatterbein Wurzelpeter eine betrübliche Nachricht überbringen: „... und Jakobus lässt sagen, die verflixten Poggenbüttler haben schon alle Wagen ausgebuddelt. Und dann sind sie gleich in die Stadt gefahren, um das Holz zu verkaufen und das Geld zu kassieren. Anton Zimtzickel ist dabei, weil er am besten rechnen kann. Der Bürgermeister und noch ein paar Waldschänder sind dageblieben und fällen schon wieder Bäume. Jakobus beobachtet weiter." Das alles berichtete Karlchen Tatterbein, ohne zu stocken.

Jakobus Nimmersatt auf seinem Kiefernwipfel war unzufrieden. Sogar sehr unzufrieden! Aber nicht nur, weil die Poggenbüttler ihre Holzwagen so schnell ausgegraben hatten – er war auch unzufrieden, weil sie so gut auf ihre Butterbrote aufpassten. Seitdem Nickel Brotessers Mettwurstbrot so geheimnisvoll verschwunden war, hielten die Poggenbüttler ihre Brotdosen verschlossen.

„Geizig sind sie auch noch", murrte Jakobus Nimmersatt.

Gegen Abend rief Bürgermeister Lobesam seinen paar Leuten zu: „Schluss für heute!"

Sie packten das Geschirr zusammen, klopften sich die Holzspäne von den Kleidern, schulterten Äxte und Sägen und zogen heimwärts. An der Mühlbachbrücke warteten schon Anton Zimtzickel und die anderen Holzverkäufer. Anton trug einen schwarzen, flachen Koffer und alle zeigten fröhliche Gesichter.

„Ich bringe einen ganzen Koffer voll Geld mit!", rief Anton Zimtzickel schon von Weitem.

„Das hör ich gern", sagte der Bürgermeister und alle Poggenbüttler dachten schon insgeheim an ihren Anteil.

„Den Geldkoffer werde ich in meinem feuer- und diebstahlsicheren Geldschrank verschließen“, erklärte Anton Zimtzickel. „Wer weiß, womöglich kommen die Mäuse in Scharen, um unser schwer verdientes Geld anzuknabbern.“

Jakobus Nimmersatt war den Männern gefolgt, um zu hören, wie die Sache mit dem Holzverkauf ausgegangen war. Von der hohen Pappel neben der Mühlbachbrücke hörte er jedes Wort mit. Und als er die Zahl Zweihundertfünfzigtausend hörte, quarrte er leise vor sich hin: „Wie die Menschen sich mit ihrem Geld haben. Mir wären fünf Wurstzipfel lieber …“

Und weil es nichts Wichtiges mehr zu erfahren gab, flog Jakobus eilig in den Donnerwald zurück.

Thaddäus Klopf leistet ganze Arbeit

Die Tiere des Donnerwaldes waren traurig. Und die neuesten Nachrichten, die Jakobus von der Mühlbachbrücke brachte, machten sie noch trauriger.

„Das viele Geld wird die Poggenbüttler noch geldgieriger machen", klagte die Waldmaus Pia Plüsch.

„Sollen wir ihnen nicht doch alle Fensterscheiben einschlagen?" Der Hirsch Hubertus Siebentritt scharrte wütend mit den Vorderbeinen.

„Nein!", sagte Wurzelpeter entschieden.

„Dann müssen wir wühlen", empfahl das Wildschwein Sigismund Knitterschwarte wieder einmal seine Lieblingsbeschäftigung.

„Sehr richtig", pflichtete der Dachs Beppo Baggerklaue ihm bei. „Die Baumstämme, die sie heute gefällt haben, liegen kreuz und quer auf dem Waldboden. Wir sollten sie auch eingraben – wie die Ladung gestern."

Wurzelpeter schüttelte den Kopf und sagte: „Wir müssen uns etwas Neues einfallen lassen."

„Alle Mäuse könnten nach Poggenbüttel ziehen und die Geldscheine in lauter kleine Schnitzel zerknabbern. Wie wäre das?", piepste Pia Plüsch.

„Nichts zu machen!", krächzte Jakobus Nimmersatt los. „Die Poggenbüttler haben den Geldkoffer in Anton Zimtzickels diebessicheren Geldschrank eingeschlossen."

„Und einen diebessicheren Geldschrank können selbst wir Spechte nicht aufmeißeln", sagte Thaddäus Klopf. Wenn Thaddäus, der Meister der Spechte, etwas sagte, konnte man gewiss sein, dass es auch stimmte.

„Ausräuchern sollte man sie!", quarrte Jakobus Nimmersatt vor sich hin. Er dachte an eine Räucherwurst. Wurzelpeter rieb sich nachdenklich die Nase.

„Ausräuchern?", wiederholte er langsam. „Gar keine schlechte Idee ..."

Hoffnungsvoll flüsterten die Tiere sich zu: „Pst! Gleich fällt ihm wieder etwas ein."

Und wirklich, nach kurzem Nachdenken hob Wurzelpeter die Hand hoch. Die Tiere hielten den Atem an.

„Jakobus hat mich auf etwas gebracht", rief er so laut, dass alle ihn hören konnten. „Wir werden den

Poggenbüttlern alle Schornsteine verstopfen! Dann verqualmen ihnen die Häuser, sie können nicht kochen, es gibt kein Frühstück und kein Mittagessen. Und schlafen können sie in den verräucherten Zimmern auch nicht. Dann werden sie keine Kraft mehr haben, um Bäume zu fällen. Wenn wir unsere Sache gut machen, dauert es gewiss einen Tag und länger, bis sie herausfinden, woran es liegt, und ihre Schornsteine reinigen."

„Wir Vögel werden unsere Sache gut machen! Dafür sorge ich!", versicherte Thaddäus Klopf. „Ich weiß auch schon wie: Wir brauchen lange, kurze, dünne und dicke Reiser. Es gibt viele Schornsteine in Poggenbüttel ..."

„Entschuldige, Thaddäus", fiel Wurzelpeter ihm in die Rede, „weiß jemand zufällig, wie viele Schornsteine es in Poggenbüttel gibt?" Niemand wusste es.

„Ich werde losfliegen und sie zählen", bot Jakobus Nimmersatt an. „Bin gleich zurück. Komm mit, Berta, du kannst nachzählen."

Als die beiden Vögel verschwunden waren, fuhr Thaddäus Klopf mit seiner Erklärung fort: „Wir brauchen auch noch viele feuchte Moospolster und noch mehr Falllaub zum Ausfüllen. Und alles muss geräuschlos bis an den Dorfrand transportiert werden, damit wir es dort schnabelfertig liegen haben."

„Wir Hirsche harken das Reisig zusammen und tragen es auf unseren Geweihen bis zum Dorf“, dröhnte Hubertus Siebentritt.

„Wir graben Moospolster aus. So viel ihr wollt“, riefen die Dachse und Wildschweine.

„Und wir piken sie auf unsere Stacheln und bringen alles bis an die Dorfhecke“, schniefte Stanislaus Borstig im Namen der Igel.

Die Tiere wunderten sich, denn das war der längste Satz, den Stanislaus jemals gesprochen hatte.

„Und dann sind wir an der Reihe und tragen alles in unseren Schnäbeln nach oben in die Schornsteine“, sagten die Vögel, die sich um Thaddäus Klopf versammelt hatten.

Melitta von Eichenkron fragte besorgt: „Macht man sich dabei sehr schmutzig?“

„Melitta“, sagte Wurzelpeter, „wann lernst du endlich nicht nur an dich zu denken!“

In diesem Augenblick kehrten Jakobus und Berta von ihrem Erkundungsflug zurück. „Einundfünfzig Schornsteine sind es“, meldete der Rabe.

Und Berta, die graue Nebelkrähe, fügte hinzu: „Stimmt genau. Ich habe nachgezählt. Manche Häuser tragen zwei, andere nur einen Schornstein auf dem Dach. Bürgermeister Lobesam hat sogar drei Schornsteine.“

„Umso besser!“, sagte Wurzelpeter. „Dann hat er mehr Arbeit mit dem Saubermachen. – Ans Werk, Freunde! Seid leise! Besonders in Dorfnähe. Kein lautes Flügelklatschen!“ Er schaute die Tauben mahnend an. „Und auch kein wildes Gegrunze und Geschnaufe!“ Wurzelpeter zeigte mit dem Finger auf Sigismund Knitterschwarte. „Damit ich es nicht vergesse: Der Schornstein von Stoffel Plietsch wird natürlich nicht verstopft und die beiden Schornsteine auf dem Schuldach auch nicht. Wir wollen die Kinder nicht vom Lernen abhalten.“

„Die Poggenbüttler Kinder brauchen nicht zu lernen“, krächzte Jakobus Nimmersatt. „Sie haben schulfrei, weil ihr Lehrer Bäume fällt. Er will auch Millionär werden.“

„Es bleibt dabei: Die Schulschornsteine rührt keiner an!“, erklärte Wurzelpeter streng. „Thaddäus, du musst die handwerkliche Oberleitung übernehmen.“

Alle machten sich an die Arbeit. Rehe und Hirsche harkten große Haufen dürres Reisig zusammen.

Dann nahm jeder ein stattliches Bündel davon auf sein Geweih und so zogen sie, Hubertus an der Spitze, lautlos nach Poggenbüttel. Wildschweine und Dachse gruben grüne Moospolster aus. Die Igel pikten sie auf ihre Stacheln und trippelten damit in einer langen Reihe auf Poggenbüttel zu.

Alle Vögel, ob groß, ob klein, ob schwarz, ob bunt, nahmen Falllaub in die Schnäbel. Unermüdlich pendelten sie zwischen Poggenbüttel und dem Donnerwald hin und her.

Wurzelpeter, der die oberste Oberleitung hatte, schaute überall nach dem Rechten. Weil er die Entfernung mit seinen kleinen Beinen nicht schnell genug zurücklegen konnte, ritt er auf Jakobus Nimmersatts schwarzem Rücken durch die Nacht.

„Hoffentlich bringt das die Poggenbüttler zur Einsicht, Jakobus", sagte er unterwegs.

Aber der Rabe gab ausnahmsweise mal keine Antwort. Er konnte nicht reden, weil er seinen Schnabel mit trockenen Blättern vollgestopft hatte.

Thaddäus Klopf war mit seinen Spechten vorausgeeilt. Er hockte tief unten in Bürgermeister Lobesams mittlerem Schornstein und zeigte seinen Gesellen, wie man Schornsteine fachmännisch verstopft.

Zuerst klemmte er lange, starke Reiser kreuzweise fest. Dann ließ er sich dünne, geschmeidige Triebe reichen, mit denen er ein Gitter flocht. Auf dieses Gitter legte er dicht an dicht Moospolster, sodass eine grüne Matte entstand. Dann mussten die Vögel Laub in den Schornstein hineinwerfen, bis er fast randvoll war. Zuoberst breitete Thaddäus noch eine zweite Moosschicht aus, damit der Wind die Blätter nicht herauswirbeln konnte.

„Wenn aus diesem Schornstein auch nur ein einziges Rauchwölkchen quillt, will ich nicht mehr Thaddäus Klopf heißen“, sagte der Meister der Spechte. „Jeder von euch Spechten sucht sich seine Helfer und nimmt sich einen Schornstein vor. Ans Werk!“

Das war ein heimliches und gespenstisches Treiben in Poggenbüttel, über Poggenbüttel und um Poggenbüttel herum. In der Luft bewegten sich viele Schwingenpaare. Am Dorfrand huschten Schatten hin und her. Es raschelte und ruschelte leise und verstohlen. Alles, was zwei Flügel besaß, war in der Luft. Amseln, Drosseln und Stare; Feldhühner, Rebhühner, Birkhühner und Fasane; Tauben, Elstern, Krähen, Eulen, Spatzen, Finken und Meisen taten ihr Bestes, um Reisig, Laub und Moospolster auf die Dächer zu schaffen.

Wurzelpeter und Jakobus Nimmersatt ließen sich überall sehen. Aber nirgends gab es etwas auszusetzen. Alles klappte wie am Schnürchen.

Die ganze Nacht lang dauerte das heimliche Treiben. Kurz vor dem Weckruf der Poggenbüttler Hähne waren alle Schornsteine verstopft.

„Geschafft!“, sagte Wurzelpeter zufrieden. „Wir kehren in den Wald zurück. Aber leise. Bitte weitersagen!“

Ausgeräuchert!

Hinter Büschen und Bäumen, zwischen Gras, Kraut und Farn lugten Tiergesichter hervor: kleine, große, spitze, breite, schnurrbärtige und gehörnte. Dicht an dicht hockten die Vögel auf den Zweigen. Es sah aus, als wären die Bäume mit fremdartigen, gefiederten Früchten bedeckt. Die Tiere warteten am Waldrand auf den Sonnenaufgang.

Würden die Schornsteine von Poggenbüttel rauchen? Hoffentlich nicht!

Noch ganz rot vom Nachtschlaf stieg die Sonne hinter Nickel Brotessers Dach empor. Und dann krähten die Hähne von Poggenbüttel, Schneider Meckerzwirns Hahn wie immer eine halbe Minute verspätet. So weit war alles wie an jedem anderen Tag auch.

Zehn lange Minuten geschah nichts. Dann stieg eine einzelne Rauchsäule kerzengerade in die Morgenluft.

Die Tiere ließen ein enttäuschtes Gemurmel hören. Doch schon krächzte Jakobus Nimmersatt von der Tannenspitze herunter: „Kein Grund zur Aufregung. Das ist der Schornstein von Stoffel Plietsch und der darf rauchen. Aus den anderen Schornsteinen quillt kein Rauch."

„Die Schornsteine halten dicht!", riefen sich die Tiere von Baum zu Baum und von Busch zu Busch zu.

„Wir haben sie ja auch fachmännisch verstopft", sagte der Specht Thaddäus Klopf nicht ohne Stolz.

Ein paar Minuten noch mussten die Tiere warten. Dann spuckten die Poggenbüttler Häuser Rauch. Aber nicht aus den Schornsteinen, wie es sich gehörte, nein, aus Türen und Fenstern, aus Mauerspalten, Luftlöchern und zerbrochenen Dachpfannen quoll der Qualm. Bald lag eine grau-schwarze Wolke über Poggenbüttel.

Aber es kam noch ärger. Der Rauch wurde immer dichter und schwärzer.

Die Tiere hörten lautes Rufen und Geschrei. Fenster und Türen wurden aufgerissen. Männer, Frauen und Kinder stürzten ins Freie hinaus und alle pressten sich feuchte Tücher vor Mund und Nase. Das Gehuste wollte kein Ende nehmen.

„Was ist mit diesen dämlichen Schornsteinen los?" Bürgermeister Lobesam war wütend. „Ich habe drei und kein einziger will ziehen."

„Bei mir zieht auch keiner! Wenn das so bleibt, riechen alle meine Waren nach Rauch", jammerte Anton Zimtzickel.

„Mein Schornstein zieht auch nicht! … Und meiner erst recht nicht!", so hagelte es Klagen von allen Seiten.

Es war ein Durcheinander in Poggenbüttel. Die Männer schimpften auf die Schornsteine. Die Frauen schimpften auf die Männer und auf den Qualm. Nur die Kinder schimpften nicht. Sie lachten und quiekten vor Vergnügen. Das war mal ein besonderer Spaß!

Der Schäfer Stoffel Plietsch lehnte behaglich an seiner Gartenpforte und schaute zufrieden auf seinen rauchenden Schornstein. Dann rieb er sich vergnügt die Hände und murmelte: „Ha! Wenn mich nicht alles täuscht, haben sich die Tiere wieder einen Schabernack ausgedacht. Ob es wohl nützt?"

Jakobus Nimmersatt trippelte aufgeregt auf seinem Tannenast hin und her. Er platzte beinahe vor Neugierde. Schließlich flog er auf den Erdboden und sagte zu Wurzelpeter: „Ich halt's nicht länger aus. Muss mir den Spaß unbedingt aus der Nähe ansehen. Wenn ich zurückkomme, berichte ich."

Unterwegs kam ihm Jockel Schnickschnack, der Eichelhäher, entgegen. Jockel hustete und würgte und sah ziemlich zerfleddert aus.

„Nanu? Wie siehst du denn aus?", fragte Jakobus.

„Die haben mich ausgeräuchert", keuchte Jockel Schnickschnack. „Ich saß auf dem mittleren Bürgermeisterschornstein und schlief ganz fest."

„Was um alles in der Welt hast du auf Bürgermeister Lobesams Schornstein zu suchen?", krächzte Jakobus Nimmersatt verblüfft.

„Ich hab die Rückkehr in den Donnerwald verschlafen“, gestand der Eichelhäher ein.

„Wer schläft und die anderen machen lässt, hat es nicht besser verdient.“ Jakobus schüttelte den Rabenkopf und flog weiter.

Stoffel Plietsch sah ihn kommen.

„Pst!“, machte er. „Komm schnell mal her, Jakobus.“

Der Rabe flog eine Kurve und ließ sich auf der Gartenpforte nieder.

„Ist was?“, fragte er scheinheilig.

Stoffel Plietsch zeigte auf den Qualm und meinte augenzwinkernd: „Du weißt, mein Lieber, ich bin euer Freund. Mir kannst du es also ruhig verraten. Was habt ihr mit den Schornsteinen angestellt?“

„Verstopft haben wir sie, und zwar gründlich“, antwortete der Rabe. „Nur deinen und die beiden Schulschornsteine haben wir ausgelassen.“

„Hahaha …“ Stoffel Plietsch lachte, dass ihm die Tränen über die Backen kullerten.

„Du lachst und mir knurrt der Magen“, krächzte Jakobus vorwurfsvoll. „Du hast wohl nicht zufällig einen Happen von deinem vorzüglichen Schafskäse übrig?“

„Den sollst du haben! Du hast sicher die ganze Nacht gearbeitet.“ Stoffel verschwand in seinem Häuschen und kam mit einem hühnereigroßen Käsestück zurück.

„Bitte sehr.“

„Verbindlichen Dank.“ Jakobus machte sich gleich über den appetitlichen Brocken her und als er damit fertig war, sagte er: „Ich will mich noch ein bisschen umschauen. Und was ich noch sagen wollte: Du könntest mir in Zukunft alle Käserinden aufbewahren. Sei so gut.“

„Alter Schnorrer!“, brummte Stoffel Plietsch, aber es klang nicht böse.

Der Rabe flog zur Dorflinde. Von dort hatte er die beste Aussicht. Der Qualm war etwas lichter geworden, denn die Poggenbüttler hatten inzwischen ihre Heizungen ausgeschaltet und die Feuer ausgemacht. Zum Holzfällen kamen sie nicht.

Endlich brachte Bürgermeister Lobesam die Sache in Schwung.

„Ob wir wollen oder nicht – wir müssen auf die Dächer steigen und selber nachschauen, was mit diesen Schornsteinen los ist.“

Gerne taten sie das nicht, aber keiner der Männer hatte einen besseren Vorschlag anzubieten. Sie holten ihre längsten Leitern, lehnten sie an die Dächer und kletterten hinauf.

„Mir wird schon vom Hinaufsehen schwindelig“, klagte der dicke Nickel Brotesser.

„Stell dich nicht so an!“, sagte der Bürgermeister. „Oder willst du von jetzt an immer in einem verräucherten Haus wohnen?“ Und dann stieg er auf sein eigenes Hausdach. Kaum hatte er einen Blick in den ersten Schornstein geworfen, wurde ihm klar, was passiert war. Die beiden anderen Schornsteine sahen nicht anders aus. Er rief: „Meine Schornsteine sind verstopft. Alle drei! Das geht nicht mit rechten Dingen zu!“

„Meiner auch! … Und meiner auch!“, tönte es von den umliegenden Dächern.

„Diesen Streich haben uns die Tiere gespielt. Und die Vögel haben ihn ausgeführt. Der Blitz soll sie treffen!“ Bürgermeister Lobesam schüttelte drohend die Faust gegen den Donnerwald.

„Das geschieht euch recht!“, rief Stoffel Plietsch von der Straße her. „Würdet ihr den Donnerwald in Ruhe lassen, würden euch auch die Tiere in Ruhe lassen. Dann brauchtet ihr nicht wie die Störche auf euern eigenen Dächern herumzuturnen.“

„Nein!“, schrie Bürgermeister Lobesam fuchsteufelswild vom Dach herunter. „Sobald wir mit den Schornsteinen fertig sind, machen wir weiter. Wir wollen doch mal sehen, wer der Stärkere ist.“

„Denen ist nicht zu helfen“, knurrte Stoffel Plietsch ärgerlich, drehte sich um und ging zu seinen Schafen.

Schont Frauen und Kinder!

Jakobus Nimmersatt hatte mitgehört, dass die Baumfällerei weitergehen sollte.

„Haben diese Poggenbüttler denn immer noch nicht die Nase voll!?", krächzte er wütend. „Wenn ich mit dieser schlimmen Nachricht in den Donnerwald zurückkehre, wird es lange Gesichter geben." Und mit diesen prophetischen Worten ruderte Jakobus mit eiligen Flügelschlägen dem Donnerwald zu.

Was er vermutet hatte, trat ein. Sein Bericht löste arge Enttäuschung und große Betrübnis auf der Waldlichtung aus. Alle Tiere ließen die Köpfe hängen. Sie hatten schon fest damit gerechnet, dass die Poggenbüttler nach diesem Streich entmutigt von ihrem Vorhaben ablassen würden.

Jakobus Nimmersatt tröstete sie, so gut es ging: „Wisst ihr, ein bisschen angeschlagen sind die Poggenbüttler ja bereits und mit dem Bäumefällen wird es heute auch nichts mehr", versicherte er. „Ich habe munkeln hören, dass die Frauen nicht damit einverstanden sind und auf ihre Männer und deren Geldgier schimpfen. – Ich bin dafür, wir jagen ihnen einen neuen Schrecken ein, bevor sie sich von dem alten erholt haben. Am besten gleich heute Nacht."

Die Tiere schauten fragend auf Wurzelpeter.

„Jakobus hat recht", bestätigte der nach kurzem Überlegen. „Wir müssen uns sofort etwas Neues ausdenken."

Die Wespe Bobbina Zornig summte angriffslustig: „Sollen wir Wespen ausziehen und den Poggenbüttlern in die Handflächen, in die Arme oder in die Wangen stechen? Dann wird ihnen das Bäumefällen schon vergehen!"

„Auch wir können stechen", sirrten die Mücken. „Dann müssen sich die Poggenbüttler den ganzen Tag über kratzen und jucken und können weder Axt noch Säge in die Hand nehmen."

„Keine schlechte Idee", sagte Wurzelpeter anerkennend. „Aber diese Sache muss gut organisiert werden. Ich will mir alles bis zum Abend noch einmal durch den Kopf gehen lassen. Vor Einbruch der Dunkelheit können wir ohnehin nichts ausrichten."

Alle waren einverstanden. Und die Tiere taten das Klügste, was sie tun konnten: Sie legten sich schlafen.

Nur Wurzelpeter, der, wenn es sein musste, mit wenig Schlaf auskam, stützte seinen Kopf in die Hände und fing gleich mit dem Nachdenken an.

Unterdessen stocherten die Poggenbüttler mit Harken und Angelstöcken, mit Wäschestützen und Bohnenstangen und mit langen Obstpflückern in ihren Schornsteinen herum. Aber Thaddäus Klopf und seine Spechtgesellen hatten vorzügliche Arbeit geleistet. Es dauerte bis zum Abend, ehe die letzten Reiser aus den Schornsteinen entfernt waren. Dann sanken die Poggenbüttler müde in ihre Betten. Selbst zum Schimpfen hatten sie keine Kraft mehr.

Noch bevor der Mond aufging, gab Wurzelpeter den endgültigen Plan bekannt.

„Diese Nacht“, sagte er bedeutungsvoll, „soll die Nacht der Mücken, Mäuse und Wespen sein. Und es wird keine leichte Arbeit.“ Er wandte sich an die Mäuse: „Ihr schleicht euch leise, ganz leise in die Schlafzimmer und unter die Betten. Dann nehmt ihr euch zwei Bettbeine an der Längsseite vor und knabbert diese so weit durch, dass sie bei einer heftigen Bewegung der Schläfer abbrechen müssen. Merkt euch: nur bei den Männerbetten! Dass mir keine Verwechslungen vorkommen!“

„Du kannst dich auf uns verlassen“, piepste Pia Plüsch im Namen aller Mäuse.

„Das weiß ich“, sagte Wurzelpeter. „Nun zu den Wespen: Eure Arbeit beginnt, wenn die Mäuse aus den Häusern zurück und in Sicherheit sind. Einen Wespenstich in jede Handfläche! Liegen beide Hände unter der Bettdecke, dürft ihr in die Wange stechen. Aber nur einmal! Und nur bei den Männern! Ist das klar, Bobbina?“

„Ja. Aber wenn die Poggenbüttler ihre Gesichter in den Kissen vergraben haben – was machen wir dann?“, erkundigte sich Bobbina Zornig.

„Dann sucht ihr euch eine schöne, dicke Pobacke aus“, krächzte Jakobus Nimmersatt.

„Keine Witze, Jakobus! Die Angelegenheit ist ernst“, wies Wurzelpeter ihn zurecht. „Ich wieder-

hole: einen Wespenstich in jede Handfläche oder als Ersatz einen Stich in die Wange. Und schont Frauen und Kinder!“

„Wir geloben es!“, summten die Wespen.

„Von den schmerzhaften Wespenstichen werden die Männer wach, schlagen um sich und – krachen mit den Betten zusammen“, malte Wurzelpeter seinen Zuhörern die weiteren Geschehnisse aus.

„Geschieht ihnen recht“, freuten sich alle.

Wurzelpeter wandte sich jetzt an die Mücken: „In dem Durcheinander können die Wespen verschwinden und ihr Mücken könnt weitermachen. Ihr stecht zu, sowie ihr ein Fleckchen Haut seht. Und lasst euch nicht erwischen! Auch für euch gilt: Schont Frauen und Kinder!“

„Das versprechen wir!“, sirrten die Mücken.

„Braucht man uns Hirsche denn nicht?“, röhrte Hubertus Siebentritt enttäuscht.

„Gut, dass du mich daran erinnerst, Hubertus“, sagte Wurzelpeter. „Wenn Mäuse, Wespen und Mücken ihre Arbeit getan haben und auf dem Rückweg sind, müsst ihr dafür sorgen, dass die Poggenbüttler für den Rest der Nacht keinen Schlaf mehr finden.“

„Wird erledigt. Wir röhren so laut, wie wir können“, versicherte Hubertus Siebentritt.

Und zu Melitta von Eichenkron sagte Wurzelpeter: „Ihr Eulen müsst den Hirschen helfen, Melitta. Und du könntest ein besonders schauriges Nachtgeheul anstimmen."

„Aber Jakobus hat doch gesagt, ich darf nicht ...", stammelte die Eule verwirrt.

Jakobus Nimmersatt brachte das schnell in Ordnung.

„Stimmt, Melitta, das hab ich gesagt. Aber dies ist ein Ausnahmefall: Du sollst heulen, um den Tieren zu helfen. Das ist eine gute Tat! Und gute Taten schaden weder den Augen noch den Kopffedern."

„Eine gute Tat, soso ...", murmelte Melitta von Eichenkron nicht ganz überzeugt. Da aber alle Tiere ringsum mit ernsten Gesichtern nickten, war sie beruhigt. Sie beschloss die Gelegenheit auszunutzen, um ein lautes, langes und schauriges Nachtgeheul anzustimmen. Sie freute sich schon darauf.

Die Nacht der Mücken und Mäuse

Die Nacht war sternenklar. Über Wiesen und Felder floss silberner Mondschein. Es war die richtige Nacht für Mücken, Mäuse und Wespen. Die Tiere warteten bis kurz nach Mitternacht. Sie wollten sicher sein, dass die Poggenbüttler fest in ihren Betten schliefen. Kurz vor dem Aufbruch überzeugte sich Wurzelpeter, ob alle Beteiligten ihre Aufgabe im Kopf hatten.

„Was haben die Mäuse zu tun?", fragte er.

Und Pia Plüsch schnurrte die Anweisungen herunter: „Wir machen uns über die Betten der Poggenbüttler Männer her und knabbern zwei Bettbeine an. Und wir sollen leise knabbern, ganz leise."

„Richtig, Pia", lobte Wurzelpeter. „Was haben die Wespen zu tun, Bobbina?"

„Einen Stich in jede Handfläche oder notfalls einen in die Wange. Aber nur einen, leider!", summte Bobbina Zornig.

„Richtig, Bobbina", sagte Wurzelpeter. „Und nun zu den Mücken: Was habt ihr zu tun?"

„Wir machen uns an die Arbeit, wenn die Betten krachen und die Wespen aus den Fenstern entwischen. Wir stechen in jedes Fleckchen Männerhaut, das sich zeigt", zischelten die Mücken.

„In Ordnung", sagte Wurzelpeter. „Hubertus, was macht ihr Hirsche?"

„Wir röhren, dass die Wände wackeln. Bis zum Morgengrauen!", dröhnte Hubertus Siebentritt, als gelte es, jetzt schon damit anzufangen.

„Und die Eulen, Melitta?"

„Wir sollen heulen", antwortete Melitta und warf Jakobus Nimmersatt einen giftigen Blick zu.

„Viel Glück! Und macht eure Sache gut", sagte Wurzelpeter zum Schluss und dann ging es los.

Die Feldmäuse und Waldmäuse wählten den kürzesten Weg querfeldein, huschten von der Kleewiese in das Rapsfeld und von dort über zwei Kartoffeläcker bis an Nickel Brotessers Gartenzaun. Die Hirsche nahmen den bequemen Sandweg, zogen mit stolz erhobenen Geweihen einher und hielten sich am Dorfrand hinter einer Haselnusshecke in Bereitschaft.

Melitta von Eichenkron kam in Begleitung von mehreren Waldohreulen, Schleiereulen und Käuzen, denn es heulte sich besser in Gesellschaft. Sie schwebten mit lautlosen Flügelschlägen durch die Nacht und warteten in den alten Kopfweiden am Mühlbach, bis sie gebraucht wurden.

Die Wespen flogen in Schwärmen, zu dritt nebeneinander und gut ausgerichtet. Ihre durchsichtigen Flügel surrten wie winzige Flugzeugpropeller. In den Gärten drängten sie sich dann auf irgendeinem Ast zu einer großen Wespentraube zusammen und warteten dort, bis Wurzelpeter sie rief.

Nur die Mäuse, die als Erste an der Reihe waren, verteilten sich jetzt gruppenweise auf die einzelnen Häuser.

Pia Plüsch kletterte mit ihrer Mäuseschar am wilden Wein empor und durch das geöffnete Fenster in Bürgermeister Lobesams Schlafzimmer. Auf der Fensterbank, hinter den Gardinen, warnte sie noch einmal: „Dass mir aber leise geknabbert wird!"

Dann huschten alle Mäuse kopfüber an den langen Vorhängen hinab und gleich unter die Betten. Und dort horchten sie mit klopfenden Herzen auf das Knarren der Bettgestelle.

„Wir sind unter dem richtigen Bett", flüsterte Pia den anderen Mäusen zu. „Das kann man am Schnarchen hören. Eins, zwei, drei – knabbern!"

Und acht Mäuse machten sich mit kaum hörbarem Raspeln und Knispeln an die Arbeit. Je vier Mäuse benagten gemeinsam ein Bettbein. Sobald die acht müde waren, wurden sie von acht anderen Mäusen abgelöst. Wenn Bürgermeister Lobesam mit dem Schnarchen aufhörte, dann hörten im gleichen Augenblick die Mäuse mit dem Knabbern auf. Schnarchte er weiter, knabberten auch die Mäuse weiter.

Bei Anton Zimtzickel war die Sache etwas schwieriger. Dort gab es keinen wilden Wein. Die Mäuse mussten unter großen Mühen an dem schräg geneigten Stamm eines Birnbaums emporklettern und über einen Ast in die Dachrinne balancieren. In der Dachrinne trippelten sie dann eine halbe Hauslänge nach links und huschten durch das Loch in einer Dachpfanne auf den Hausboden. Von dort ging es weiter zwischen Kisten und Gerümpel und durch den Türspalt wieder die Bodentreppe hinunter. Zum Glück stand die Schlafzimmertür weit offen.

Anton Zimtzickel hatte einen unruhigen Schlaf, merkten die Mäuse bald. Er warf sich dauernd in seinem Bett hin und her und ebenso oft hörte er mit der Schnarcherei auf. Einmal richtete er sich sogar kerzengerade in seinem Bett auf.

„Hat es nicht eben geraschelt …?“, brummelte er vor sich hin.

Die Mäuse hielten die Luft an und wagten nicht einmal, mit der Schwanzspitze zu zucken.

Nach einer langen, bangen Pause murmelte Anton Zimtzickel: „Ich muss mich wohl verhört haben.“ Er streckte sich aus und schlief wieder ein.

In allen Häusern standen noch Fenster offen, damit frische Nachtluft den letzten Rauchgestank aus den Zimmern trieb.

Nur im Gasthof „Zur schiefen Ecke“ stand kein Fenster offen. Es gab auch keine Mauerspalte, durch die die Mäuse ins Haus schlüpfen konnten. Sie waren ratlos und riefen Wurzelpeter und Jakobus Nimmersatt zu Hilfe.

Jakobus schielte durch das Küchenfenster und krächzte leise: „Es ist zum Glück nicht verriegelt.“

Dann stemmte er die Spitze seines starken Schnabels in den Fensterspalt, ruckte ein paarmal hin und her und endlich sprang das Fenster auf. Die Mäuse huschten eilig hinein und gingen ans Werk.

„Warte hier draußen einen Augenblick auf mich“, sagte Jakobus Nimmersatt zu Wurzelpeter. „Ich will mal eben sehen, ob die Schlafzimmertür offen ist.“

„Du bleibst besser hier, Jakobus“, sagte Wurzelpeter. „Ich weiß schon, was du willst: Du willst nach einem Wurstzipfel Ausschau halten.“

„Woher weißt du das?“, fragte der Rabe verblüfft.

„Ich kann Gedanken lesen“, antwortete Wurzelpeter.

„Das ist mir aber sehr unangenehm“, krakeelte Jakobus Nimmersatt.

Zwei volle Stunden mussten die Mäuse knabbern. Dann hatten sie achtundfünfzig hölzerne Bettbeine an neunundzwanzig Männerbetten so weit durchgenagt, dass sie bei einer Erschütterung abbrechen würden. Das hätten die Mäuse auch in kürzerer Zeit schaffen können. Aber sie hatten viele Pausen einlegen und besonders leise knabbern müssen. Und dazu brauchten sie Zeit.

Als die Mäuse aus den Häusern zurück und in Sicherheit waren, ließ Wurzelpeter den Wespen ausrichten, dass sie ihre Aufgabe erledigen sollten.

Eine Minute verging, noch eine und eine halbe. Dann fingen die Wespen mit der Stecherei an. Die Betten krachten. Die Männer schimpften und schlugen nach ihren Plagegeistern. Sie zerrten Vorhänge und Gardinen zurück und scheuchten die Wespen aus den Fenstern und die flüchteten mit zornigem Gesumme. Und weil die Poggenbüttler mit den Wespen beschäftigt waren, merkten sie nicht, dass die Mücken in Scharen durch die offenen Fenster in die Schlafzimmer kamen. Sobald sie ein freies Fleckchen Haut erspähten, stachen sie zu. Und als sie ihre Arbeit getan hatten, flüchteten sie wieder aus den Fenstern. Aber damit war der böse Spuk in dieser Nacht noch nicht zu Ende. Die Wespen, Mücken und Mäuse kehrten in den Donnerwald zurück, sie hatten getan, was sie konnten.

Zu Melitta von Eichenkron und Hubertus Siebentritt sagte Wurzelpeter: „Macht Lärm! Hindert die Poggenbüttler am Einschlafen. Und seht euch vor, wenn sie mit ihren Schuhen nach euch werfen."

Nun begann ein wahrer Höllenlärm. Die Hirsche und Eulen versuchten sich gegenseitig zu übertreffen. In den Gärten, auf der Straße, von überall her ertönten die dröhnenden Bässe der Hirsche. Auf den Dächern, in den Obstbäumen, ja, sogar in den Stangenbohnen und Johannisbeerbüschen hockten die Eulen und stimmten ihr schaurigstes Nachtgeheul an.

Am lautesten heulte Melitta von Eichenkron. Sie saß in Nickel Brotessers Süßkirschenbaum und murmelte ab und zu vor sich hin: „Wenn ich heule, tue ich ein gutes Werk … Meinen Kopffedern und meinen Augen kann nichts geschehen …“

Karlchen Tatterbein weiß was

Kurz bevor im Osten der Morgen graute, hörte der Spuk auf. Hirsche und Eulen waren heiser. Und die Poggenbüttler waren sehr angeschlagen und erschöpft von dieser schrecklichen Nacht. Die Männer hatten geschwollene Wangen oder Handflächen, je nachdem, wo sie der Wespenstich erwischt hatte. Sie wurden von ihren Frauen mit feuchten Tüchern, essigsaurer Tonerde und lindernden Umschlägen behandelt.

„Jetzt wird das Bäumefällen wohl aufhören", sagten die Frauen zueinander.

Und wirklich, im Augenblick mochte keiner der Männer an Bäume und Millionen denken. Um Bürgermeister Lobesam stand es besonders schlimm. Sein linkes Auge war schon zugeschwollen, beide Hände taten ihm weh und es juckte ihn überall.

„War das eine Nacht!", stöhnte er und bat um einen neuen kalten Umschlag.

„War das eine Nacht!“, sagte auch Hubertus Siebentritt heiser. „Mit Schuhen und Pantoffeln, mit Zahnputzbechern, Kleiderbügeln, Blumentöpfen und Seifenstücken haben sie nach uns geworfen. Aber getroffen haben sie nicht.“

„Sind meine Kopffedern noch alle da?“, fragte Melitta von Eichenkron besorgt.

„Nicht ein Federchen fehlt“, antwortete Wurzelpeter und verkniff sich das Lachen. Dann wandte er sich an Hirsche und Eulen: „Ihr seid die ganze Nacht tätig gewesen, holt jetzt den versäumten Schlaf nach. Diesen Streich werden die Poggenbüttler nicht so schnell vergessen.“

Jakobus Nimmersatt knurrte der Magen, er hatte während der langen Nacht keinen Happen zu sich genommen.

„Am besten, ich schaue mal in Poggenbüttel nach dem Rechten“, krächzte er. „Vielleicht bringe ich gute Nachricht mit zurück.“ Und weg war er.

In Poggenbüttel ließen sich weder Männer noch Frauen sehen, stellte Jakobus fest, als er über dem Dorf kreiste. Alle mussten sich von der schlimmen Nacht erholen. Nur die Kinder tobten in den Gärten herum und suchten alles zusammen, was ihre erbosten Väter den nächtlichen Ruhestörern nachgeworfen hatten. Und aus Spaß bewarfen sie sich gegenseitig damit.

Jakobus Nimmersatt steuerte auf das Haus von Stoffel Plietsch zu. Er hätte zu keiner günstigeren Zeit kommen können.

Stoffel Plietsch saß gerade bei seinem zweiten Frühstück und er aß mit gutem Appetit, obwohl er ein wenig übernächtigt dreinschaute. Weder quälte ihn ein Wespenstich, noch juckten ihn Mückenstiche, aber wegen des Lärms hatte auch er eine schlaflose Nacht verbracht.

„Was habt ihr denn heute Nacht wieder angestellt?", begrüßte er Jakobus. „Das war ein Krach, als sollte die Welt untergehen."

„Wenn es nur der Krach allein gewesen wäre …", sagte der Rabe, blinzelte dem Schäfer zu und erzählte die spannende Geschichte von der „Nacht der Mücken und Mäuse".

Nichts ließ er aus. Sogar, dass Melitta von Eichenkron ihn beinahe in Verlegenheit gebracht hatte, berichtete er. Und als er fertig war, warf er einen begehrlichen Blick auf den Frühstückstisch mit all seinen Herrlichkeiten und quarrte: „Karräh! Schafskäse, Wurst und frisches Brot … Du lebst nicht schlecht."

Stoffel Plietsch verstand den Wink. Er fütterte Jakobus mit Schafskäse, Wurst und frischem Brot und zum Nachspülen durfte er seinen großen Schnabel in

Stoffels Tasse tauchen und einen Schluck Kaffee schlürfen.

„Heute rührt kein Poggenbüttler eine Axt oder eine Säge an, das ist sicher“, sagte Stoffel Plietsch zufrieden.

Und dann machten sie einen Krankenbesuch bei Bürgermeister Lobesam. Stoffel Plietsch ging allein in das Haus, während Jakobus Nimmersatt auf der Dachrinne wartete. Als der Schäfer wieder aus dem Haus herauskam, fragte der Rabe gleich: „Sind die Poggenbüttler endlich vernünftig geworden?“

Stoffel Plietsch schüttelte den Kopf und sagte: „Mit Bürgermeister Lobesam ist immer noch kein vernünftiges Wort zu reden. Er schreit nur nach kalten Umschlägen.“

„Was soll ich bloß meinen Freunden im Donnerwald sagen? Alle möchten sich doch so bald wie möglich mit den Poggenbüttlern vertragen. Sie brauchen nur unseren Wald in Ruhe zu lassen.“ Jakobus Nimmersatt war enttäuscht.

Stoffel Plietsch stocherte nachdenklich in seiner Pfeife herum und meinte: „Ein Sprichwort heißt: In einen Topf geht nur so lange Wasser hinein, bis er voll ist. Und der Topf der Poggenbüttler ist kurz vor dem Überlaufen. Ich rate euch, spielt ihnen noch einen letzten Streich und lasst euch etwas Gutes einfallen.“

„Hab Dank, Stoffel. Ich will es ausrichten", krächzte Jakobus Nimmersatt und machte sich mit einem guten Rat und einem vollen Magen auf den Heimflug.

„... und nun wisst ihr beinahe alles", schloss er später, im Donnerwald, seinen Bericht. „Ach so – was ich noch sagen wollte: Dem Bürgermeister sind beide Augen zugeschwollen. Den hat es bös erwischt. Das habe ich gesehen, als ich durch das Fenster schielte."

„Höre ich richtig? Beide Augen sind zugeschwollen?", fragte Wurzelpeter verwundert. „Bobbina! Kannst du das erklären?"

„Ich ... mir ist der Stachel ausgerutscht", summte Bobbina Zornig kleinlaut.

„Und was war mit dem zweiten Auge?", forschte Wurzelpeter weiter. „Wir hatten nur einen Stich in die Backe abgemacht."

„Das war ich!", meldete sich die Wespe Rosa Sammetweich, die zusammen mit Bobbina in Bürgermeister Lobesams Schlafzimmer war. „Vor lauter Aufregung habe ich gar nicht gemerkt, wohin ich gestochen habe."

„So war das also“, brummte Wurzelpeter. „Haltet euch in Zukunft an die Abmachungen und passt auf, wo ihr hinstecht. – Und jetzt müssen wir alle nachdenken, jeder für sich. Wer eine Idee hat, sagt sie.“

Alle Tiere dachten nach. Man sah am Stirnrunzeln, wie bei manchen die Gedanken durcheinanderpurzelten. Andere schnitten Grimassen und einige stierten in die Luft. Aber eine Idee kam ihnen nicht.

Plötzlich schrie Karlchen Tatterbein in die Stille hinein: „Ich weiß was!“

„Karlchen weiß was“, riefen sich die Tiere gegenseitig zu.

Wurzelpeter winkte. Karlchen hoppelte zu ihm hin, machte Männchen und flüsterte ihm etwas ins Ohr. Und jetzt war es, als striche der Sonnenschein über Wurzelpeters Gesicht. Der Mund, die Augen, ja, jede einzelne Runzel begann zu lachen.

„Bravo, Karlchen! Das ist eine fabelhafte Idee“, lobte er, beugte sich zu Eichhorn-Paule hinüber und flüsterte dem etwas ins Ohr.

Paule lachte, dass die Nagezähne blitzten, und flüsterte es an Jakobus Nimmersatt weiter. Jakobus schlug mit den Flügeln vor Vergnügen und beugte sich dann zu Pia Plüsch hinunter. Pia flüsterte es Benjamin Plusterbacke zu, Benjamin dem Lebrecht Knicklöffel und der alte Lebrecht dem gespannt lauschenden Sigismund Knitterschwarte. So verbreitete sich Karlchen Tatterbeins fabelhafte Idee in Windeseile von Ohr zu Ohr. Die Tiere glucksten, schüttelten sich vor Lachen, sprangen vor Vergnügen in die Luft oder wälzten sich auf dem Erdboden herum. Es war wirklich ein besonderer Streich, den Karlchen ausgeheckt hatte – ein richtiger Hasen-Dummejungenstreich!

„Karlchen“, sagte sein Hasen-Ururgroßvater Lebrecht Knicklöffel gerührt, „Karlchen, ich bin stolz auf dich.“

Verkehrte Welt

In dieser Nacht floss kein Mondschein über Wiesen und Felder. Es war finster wie in einem hohlen Baum.

Die Wolken türmten sich zuhauf. Mond und Sterne fanden nicht einen einzigen Spalt, durch den sie ihr Licht auf die Erde senden konnten. Ein frischer Wind wehte von Westen her, klimperte übermütig auf den Leitungsdrähten und zauste die Baumwipfel. Hin und wieder brachte er einen Regenschauer mit, der Zweige und Gräser mit Perlenketten aus glasklaren Diamanten behängte. Es war eine Nacht, in der sich die Poggenbüttler frühzeitig die Bettdecken über die Ohren zogen.

Den Tieren des Donnerwaldes war die Nacht gerade recht. Weder Finsternis noch Wind noch ein nasser Pelz konnte sie davon abhalten, Karlchen Tatterbeins fabelhafte Idee in die Tat umzusetzen.

Auf den Waldlichtungen wurde fleißig gearbeitet. Die Hirsche mähten mit ihren Geweihen duftendes Waldgras ab. Hasen und Wildkaninchen rupften wohlschmeckende Kräuter. Dachse und Wildschweine gruben bekömmliche Wurzeln aus. Die Igel suchten Steinpilze, Pfifferlinge und Maronen, während die Eichhörnchen Bucheckern, Eicheln und Haselnüsse sammelten. Die Vögel schleppten schnabelweise Himbeeren, Brombeeren und Walderdbeeren herbei. Die Hamster holten in ihren Backentaschen verschiedene Körnersorten. Alle Leckereien wurden gestapelt und sorgsam mit Zweigen abgedeckt.

Man erwartete Gäste im Donnerwald.

Kurz nach Mitternacht kehrte Jakobus Nimmersatt von einem Erkundungsflug nach Poggenbüttel zurück. Ein Krähenschwarm folgte ihm.

„Wir haben alles geregelt“, krächzte er. „Stoffel Plietsch sorgt für offene Stall- und Hintertüren. Die Haustiere machen mit, nur den Kühen habe ich alles zweimal erklären müssen. Und bei den Enten und Gänsen gab es das übliche langatmige Geschnatter. – Wie steht es hier?“

„Wir sind mit den Vorbereitungen fertig. Es kann losgehen“, antwortete Wurzelpeter, schaute in die Runde und fragte: „Hat noch jemand eine Frage?“

„Nein!“, riefen die Tiere. Sie konnten kaum sprechen vor Aufregung.

Und gleich danach begann ein denkwürdiger Zug nach Poggenbüttel. Noch mehr Tiere waren unterwegs als bei dem Streich mit den verstopften Schornsteinen. Trotzdem gab es kein Durcheinander. Alle kannten Weg und Ziel. Es durfte weder geflüstert noch geschwatzt werden.

In Poggenbüttel angekommen, schlüpften die Tiere durch Hecken und Zäune und verteilten sich auf Häuser und Ställe. Die Vögel hatten es am bequemsten, denn sie landeten aus der Luft am richtigen Ort.

Kein Lichtschimmer zeigte sich in den Fenstern. Die Poggenbüttler holten den versäumten Schlaf nach. Sie ahnten nicht, dass ihre Hintertüren und Stalltüren einen Spaltbreit offen standen.

Hubertus Siebentritt gab Bürgermeister Lobesams Stalltür einen Stoß mit dem rechten Vorderbein, sodass sie weit aufsprang. Dann flüsterte er in den nachtdunklen Kuhstall hinein: „Seid ihr bereit?"

„Wir sind bereit", muhte es ebenso leise zurück.

„Dann los!" Hubertus trat zur Seite und gab die Tür frei. „Kühe und Kälber zuerst. Danach die Ochsen. Ziegen und Gänse zum Schluss. Und bitte kein Geschnatter."

„Einer nach dem anderen. Und kein Gedränge, bitte", mahnte Eichhorn-Paule am Fuß der Hühnerleiter. Es war Anton Zimtzickels Hühnerstall, in dem ein Hahn und zwölf rostrote Legehennen wohnten.

Der Hahn kam zuerst herunter. Und er war kaum unten, da reckte er seinen Hals, um zu krähen. Er hatte Paules Mahnung schon wieder vergessen.

„Pst! Keinen Laut!", zischte Eichhorn-Paule noch eben rechtzeitig. „Ein lautes Kikeriki hätte uns gerade noch gefehlt."

Kaum hatte das letzte Huhn beide Beine auf die Erde gesetzt, da huschten dreizehn rostrote Eichhörnchen die Hühnerleiter hinauf.

Eine höchst seltsame Geschichte …

In allen Poggenbüttler Häusern, Ställen und Gärten geschahen merkwürdige Dinge, wurde geflüstert und gewispert. Tiere kamen aus den Ställen heraus, andere gingen hinein. Die Haushunde ließen es ohne Gebell geschehen. Sie tauschten ihre Plätze mit den Füchsen und verschwanden in der Dunkelheit. Lange Tierkolonnen zogen in größeren oder kleineren Abständen auf den Donnerwald zu. Lautlos und stumm. Sie wurden schon erwartet.

Gleich vorne am Waldrand stand August Stoppelstelz, der Waldstorch. Seine Flügel glänzten ebenholzschwarz, sein Bauch schneeweiß und die langen Beine leuchteten rot. August war ein besonders höflicher Storch, hatte ein gutes Gedächtnis und einen ungewöhnlich langen Schnabel. Darum hatte man ihn als Empfangschef an den Waldrand gestellt.

„Willkommen im Donnerwald, ihr Enten, Gänse und Hühner! Bitte zur Blaubeerlichtung. Etwas rechts halten, bitte!“, klapperte August Stoppelstelz liebenswürdig. Und wie der Verkehrsschutzmann mit den Armen, so zeigte er mit seinem langen Schnabel in die angegebene Richtung.

Man hatte dafür gesorgt, dass sich die Haustiere im dunklen Wald nicht verirren konnten. Jeweils sechs bis acht Waldbewohner begleiteten ihre Gäste an die vorgesehenen Plätze. Und Schwärme von Glühwürmchen sorgten für eine ausreichende Beleuchtung.

„Freut mich, dass ihr uns mal besucht", empfing August Stoppelstelz die Hausschweine und ihre Ferkel. „Euer Platz ist die Pilzwiese im Kiefernaltholz. Ein vorzüglicher Platz, ihr werdet euch wohlfühlen. Immer geradeaus, zweiter Querweg rechts, bitte schön. Ich wünsche einen angenehmen Aufenthalt."

Ganz zuletzt, nachdem alle anderen Gäste angekommen waren, begrüßte August Stoppelstelz die Kühe und Kälber. Bei ihnen hatte der Weg besonders viel Zeit in Anspruch genommen. Immer wieder gab es Aufenthalte. Die Kälber wollten unterwegs Milch trinken oder sie versuchten zu entwischen oder sie streckten alle viere zur Seite und blieben bockbeinig stehen. Und die Tiermütter warteten geduldig, bis es ihren Lieblingen gefiel, weiterzuwandern.

„Willkommen im Donnerwald!", klapperte der Storch freundlich. „Wie ich sehe, habt ihr die lieben Kleinen mitgebracht. Gut schauen sie aus! Und gewachsen sind sie. Für euch haben wir extra den Erlengrund ausgesucht. Da gibt es Gras und Kräuter in Hülle und Fülle, eine Spielwiese für die Kinder und eine klare Quelle in nächster Nähe. Nehmt bitte eure Kälber in die Mitte und folgt euren Pfadfindern. Es ist gar nicht weit."

Die Hunde strolchten und schnüffelten einzeln herum. Obwohl sie ihren Herren gegenüber ein etwas schlechtes Gewissen verspürten, hatten sie sich doch dafür entschieden, den Tieren des Donnerwaldes zu helfen.

Die Haustiere von Poggenbüttel wurden auf das Beste betreut. Sobald die Gäste die vorgesehenen Plätze erreicht hatten, zeigte man ihnen die aufgehäuften Leckereien und sie durften schmausen, so viel sie wollten. Andere liefen unruhig hin und her, weil sie sich nicht so schnell an die Freiheit im Wald gewöhnen konnten.

Und wie sah es in Poggenbüttel aus?

In Poggenbüttel gab es keine Haustiere mehr! Kein Federvieh, keine Kühe und Kälber, keine Schweine und Ziegen, keine Hunde und Katzen. Nur die Schafe von Stoffel Plietsch grasten friedlich auf der Weide hinter seinem Haus.

Am nächsten Morgen standen die Poggenbüttler viel zu spät auf, denn es war etwas noch nie Dagewesenes geschehen: Die Poggenbüttler Hähne hatten sie nicht geweckt. Bürgermeister Lobesam, der eine schwarze Augenbinde trug, rannte nach draußen, um nachzusehen, was da passiert war. Sein bunter Hahn und alle Hühner waren verschwunden. Aber es kam noch schlimmer: In seinem Stall gab es keine Kühe mehr. An ihrer Stelle standen rote Rehe in den Boxen. Kein einziger Ochse war mehr da. Dort, wo sie gestanden hatten, reckten fünf Hirsche ihre Geweihe. Und im Kälberstall tummelten sich die Feldhasen.

„Ich bin noch nicht wach", murmelte Bürgermeister Lobesam und rannte wie gehetzt in den Schweinestall: Kein Hausschwein! Nicht ein einziges Ferkel! Aber vier ausgewachsene Wildschweine!

Sigismund Knitterschwarte und seine drei ältesten Söhne grunzten ihn böse an.

„Ich träume. Ganz bestimmt – ich träume", stöhnte Bürgermeister Lobesam und wankte in sein Haus zurück.

Anton Zimtzickel stand vor seinem Hühnerstall und sperrte vor Verwunderung den Mund auf: Kein Hahn! Keine rostroten Legehennen! Aber dreizehn rostrote Eichhörnchen hockten auf den Hühnerstangen! Und ihm kam es so vor, als würden sie ihn auslachen.

„Ich sehe wohl Gespenster“, sagte Anton Zimtzickel verwirrt.

In Nickel Brotessers Gänsestall wühlten Beppo Baggerklaue und elf Dachse. Und im Kükengehege spielten die Waldmäuse mit den Feldmäusen Fangen.

„Mich trifft der Schlag!“, gurgelte Nickel Brotesser, raste ins Haus zurück und kroch wieder ins Bett.

Solche Überraschungen gab es in allen Häusern. Füchse oder Marder räkelten sich in den Katzenkörben. In den Vogelbauern saßen Frösche, Unken und Kröten. In den Kaninchenställen hockten glühäugige Eulen. In den Entengattern fauchten die Hamster. Wo sonst die Haustauben gurrten, krächzten jetzt die Krähen. Und auf den Fensterbänken lagen Feuersalamander … In Poggenbüttel war verkehrte Welt! Das hatte sich Karlchen Tatterbein gut ausgedacht.

Die Poggenbüttler Kinder fanden alles wunderbar. Solche Spielkameraden hatten sie sich schon lange gewünscht.

Zu zweit oder zu dritt ritten sie auf Hirschen und Rehen. Mit Kleiderbürsten striegelten sie ihre roten Röcke. Die Hasen fütterten sie mit Karotten, die Eichhörnchen mit Malzbonbons und den Eulen schnitten sie Fratzen. Sie warfen Stöcke in die Luft und die Marder, Füchse und Wiesel brachten sie ihnen zurück. Mit den Wildschweinkindern spielten sie Verstecken. Die Igel fuhren sie in Puppenwagen umher und den Hamstern brachten sie „Pfötchengeben“ bei. Sogar Sigismund Knitterschwarte und seine drei ältesten Söhne grunzten liebenswürdig, als die Kinder ihnen mit Reisigbesen die Schwarte kraulten. Nein, solche Spielkameraden gab es nirgendwo.

Stoffel Plietsch schlenderte durch das Dorf. Wenn mich nicht alles täuscht, dachte er, wird Bürgermeister Lobesam bald zu mir kommen und um Rat fragen.

Bürgermeister Lobesam saß in seinem Arbeitszimmer, hielt den Kopf in beide Hände gestützt und machte sich Gedanken. Alles war schiefgegangen. Alles! Zerstochene und unzufriedene Bürger, Frauen, die einem ins Gewissen redeten, verschwundene Haustiere und noch keine einzige Million. Das war wohl kein Erfolg für einen Bürgermeister.

Und dann stürmten viele aufgeregte Poggenbüttler in sein Amtszimmer.

„Schluss mit dem Bäumefällen! … Schluss mit den Millionen! … Wir wollen den Wald behalten! … Und unsere Haustiere wollen wir wieder! … Frieden zu Hause und Frieden mit den Tieren! …“ Das und noch viel mehr schrien sie ihrem Bürgermeister in die Ohren.

„Und wenn du das nicht einsiehst“, rief einer, der sonst wenig sagte, „müssen wir uns einen neuen Bürgermeister wählen!“

Magnus Lobesam war gerne Bürgermeister von Poggenbüttel und wollte es auch bleiben. Und die Poggenbüttler waren auch bis zu dieser vertrackten Millionengeschichte mit ihm zufrieden gewesen.

„Wenn das so ist“, sagte Bürgermeister Lobesam, „werden wir sofort mit dem Bäumefällen aufhören und mit den Tieren verhandeln.“

„Aber sofort“, verlangten die aufgebrachten Poggenbüttler.

Ohne Hut und in Hemdsärmeln eilte der Bürgermeister mit noch zwei Mitbürgern zu Stoffel Plietsch. Der pflückte gerade Himbeeren.

„Ich habe schon auf euch gewartet“, empfing er die drei. „Habt ihr endlich begriffen, dass ein schöner Wald und gute Nachbarschaft mit den Tieren mehr wert sind als alle Millionen?“

Bürgermeister Lobesam wischte sich die Schweißtropfen von der Stirn. „Das mit den Millionen war wohl keine besonders kluge Idee von mir“, gab er zu. „Aber wie bringen wir diese Geschichte wieder in Ordnung?“

„Wie bloß?“ Stoffel Plietsch tat, als sei das gar nicht einfach. Schließlich sagte er: „Wenn ihr mir versprecht, dass ihr um des Geldes willen nie wieder so unvernünftig mit einem Wald umgeht, will ich mit den Tieren für euch verhandeln.“

„Wir versprechen es!“, sagten die drei Poggenbüttler.

„Gut, dann will ich sehen, was ich für euch tun kann“, sagte der Schäfer und machte sich auf den Weg in den Donnerwald.

„Stoffel Plietsch kommt“, krächzte Jakobus Nimmersatt am Waldrand und flog eilig zur Donnereiche.

Auf der Waldwiese waren weniger Tiere als sonst versammelt, denn viele von ihnen waren in Poggenbüttel und andere mussten sich um ihre Gäste kümmern. Es dauerte eine Weile, bis Stoffel Plietsch ankam. Jakobus übersetzte.

„Bringst du gute Nachricht?“, fragte Wurzelpeter.

„Sie könnte nicht besser sein“, antwortete Stoffel Plietsch. „Die Poggenbüttler möchten sich wieder mit euch vertragen.“

„Und was wird aus unserem Wald?“, stellte Wurzelpeter die wichtigste Frage.

„Sie hören sofort mit dem Bäumefällen auf und wollen von nun an sorgsam mit dem Wald umgehen. Und gute Nachbarschaft für alle Zeiten. Das versprechen sie“, erklärte Stoffel Plietsch.

„Ihr hört, es hat sich gelohnt, dass wir uns auf unsere Art gegen die Unvernunft der Menschen gewehrt haben“, sagte Wurzelpeter zufrieden. Und die Tiere schnieften, schnauften, heulten und keckerten. Das war ihr Beifall. Dann lud Stoffel Plietsch alle zu einer Versöhnungsfeier vor Sonnenuntergang nach Poggenbüttel ein. Davon wusste Bürgermeister Lobesam zwar noch nichts, aber Stoffel war sicher, dass die Poggenbüttler jetzt mit allem einverstanden waren.

Die Waldbewohner nahmen die Einladung an und sie versprachen, die Haustiere mit zurückzubringen. So war alles aufs Beste geregelt.

Gegen Abend zogen noch einmal viele Tiere nach Poggenbüttel. Aber diesmal waren sie fröhlich und schwatzten vergnügt durcheinander. Die Haustiere, von den Frauen, Kindern und Männern freudig begrüßt, drängten sich gleich in ihre gewohnten Ställe. Der Waldausflug hatte ihnen gut gefallen und auch Pilze, Bucheckern und Blaubeeren schmeckten nicht übel – aber zu Hause fühlten sie sich am wohlsten. Sie liebten den warmen Stalldunst und das gewohnte Futter.

Den Waldtieren ging es nicht anders. Sie hatten für eine Nacht ein richtiges Dach über dem Kopf gehabt, doch entbehren mussten sie den würzigen Duft der Tannennadeln und das raschelnde Nachtlied der Blätter. Von trockenem Heu und Rübenschnitzeln konnte man zwar leben, aber waldfrische Eicheln, Bucheckern und Walderdbeeren waren ihnen lieber. So war wieder jeder zufrieden mit dem, was er hatte.

Im Garten von Nickel Brotessers Gasthof, wo alles angefangen hatte, trafen sich Tiere und Poggenbüttler. Und Bürgermeister Lobesam hielt eine kurze Rede: „Liebe Tiere in Wald und Feld! Liebe Poggenbüttler Mitbürger! Wir haben uns wieder versöhnt. Ihr behaltet euren Donnerwald und wir das …“

„… wir pflanzen für das Geld wieder neue Bäume an“, unterbrach ihn der Schäfer Stoffel Plietsch schnell, bevor Magnus Lobesam etwas anderes sagen konnte.

Dann hielt Wurzelpeter eine Rede. Er stand mitten auf dem Tisch und hielt sich an einem Bierglas fest. Jakobus Nimmersatt übersetzte alles, was er sagte, in die Menschensprache, so wie er zuvor Bürgermeister Lobesams Rede in die Tiersprache übersetzt hatte.

„Liebe Poggenbüttler! Liebe Tiere in Stall und Wald und Feld!“, begann Wurzelpeter. „Wir sind glücklich, dass wir uns wieder vertragen. Streit bringt nur Kummer und davon gibt es genug auf der Welt. Am meisten freuen wir uns darüber, dass unser Donnerwald keinen Schaden mehr leiden muss.“

So sprach Wurzelpeter, der Bürgermeister der Tiere, und alle klatschten Beifall.

„Und jetzt mache *ich* noch einen Vorschlag", krächzte Jakobus Nimmersatt laut und klatschte mit den Flügeln. „Ich schlage vor, dass wir von jetzt an zu unserem Donnerwald ‚Millionenwald' sagen. Das soll uns davor bewahren, dass der gleiche Fehler noch einmal gemacht wird."

Alle Tiere und Poggenbüttler waren einverstanden. Nur Magnus Lobesam zog ein schiefes Gesicht. Schließlich möchte niemand immer wieder an seine Dummheiten erinnert werden. Er wollte schon den Mund aufmachen und dagegenreden – da trat ihm Stoffel Plietsch zur Warnung unter dem Tisch auf den Fuß.

„Hm, ja … ich bin auch dafür", sagte Bürgermeister Lobesam.

Von nun an hieß der Donnerwald „Millionenwald".

„Kräh! Karräh!"

Alle Augen blickten auf Jakobus Nimmersatt.

„Ach, bitte", krächzte der Rabe bescheiden, „hat irgendjemand zufällig einen Wurstzipfel in der Tasche?"